Dominique Berger / Nerina Spic

Accord

méthode de français

niveau 1

 Didier

Couverture : BCL/Pix

Intérieur : p. 5 : A. Robichon/La Photothèque SDP – **p. 6 :** BIAC (1) ; Société de transport de la Communauté urbaine de Montréal (2) ; Black Taxi Tours of London/Lonsdale Press Limited (3) ; SNCF/CAV/FABBRO.LEVEQUE, SCNF/CAV/DR (4) ; ADR/Key Group (5) – **p. 10 :** ASFA, Département Information-Communication (1) ; La Poste, Direction du Réseau Grand Public (2) – **p. 12 :** DR – **p. 13 :** La Poste/DR – **p. 16 :** Siemens ; Commission Européenne – **p. 19 :** Jarry/Tripelon/Agence Top – **p. 22 :** A. Tudela/La Poste (a) ; RATP Audiovisuel (b) ; R. Buttigieg-Sana/Ed. Didier (c) ; J.F. Balarot/France Télécom, D.C.O. (d) ; Chabrol/RATP (e) ; M. Verhille/Mairie de Paris (f) – **p. 24 :** DR – **p. 25 :** Sutton/RATP – **p. 27 :** Cité des sciences & de l'industrie – **p. 28 :** Mac Innes/Imapress/DR ; Bayard Poche – **p. 30 :** Gîtes de France (a) ; Maurienne/Slide (b) ; Grand Hôtel des Balcons (c) – **p. 35 :** D. Barnes/La Photothèque SDP – **p. 36 :** G. Bruneel/Explorer (1) ; S. Frances/Explorer (2) – **p. 37 :** Quo/Hachette Filipacchi Associes (1) ; Euro Sucre/FCB, Paris (2) ; The New York Times (3) – **p. 42 :** F. Achdou/Urba Images (1) ; H. Garrat/Mairie de Paris (2) – **p. 43 :** Costa – **p. 45 :** Carrefour France/FCB, Paris (a) ; G. Gladstone/Image Bank (b) ; G. Orion/Urba Images (c) ; C. Marchal/La Photothèque SDP (f) – **p. 50 :** D. Azambre/Option Photo (1) ; C. Martin/Agence Top (2) ; JF Rivière/Agence Top (3) – **p. 55 :** P.E. Berglund/Image Bank (a) ; T. Rakke/Image Bank (b) ; Gagnet/Gamma (c) ; T. Borredon/Explorer (d, e) – **p. 59 :** Rool Mondial 98/Gamma/DR – **p. 62 :** J.F. Fourmond/Urba Images (1) ; F. Astier/Sygma (2) ; G. Fabre/Urba Images (3) – **p. 66 :** J.F. Fourmond/Urba Images (1) ; Groupement Carte Bleue (2) ; ELIE/Explorer (3) – **p. 71 :** Stock Images – **p. 73 :** La Croix/Photothèque Slide – **p. 77 :** Uni-Centre Promotion/F. Anssens – **p. 85 :** P. Revillon/La Photothèque SDP – **p. 89 :** Le Bot/Gamma (a) ; Mauritius/La Photothèque SDP (b) ; P. Benejam/Marco Polo (c) ; Gamma (d) ; J.P. Tartrat/Gamma (e) – **p. 91 :** F. Dunouau/La Photothèque SDP ; (a) B. Erlanson/Image Bank (b) ; P. Roy/Explorer (c) ; V. Yee/Tony Stone Images/Fotogram Stone (d) – **p. 96 :** AGE Fotostock/La Photothèque SDP – **p. 100 :** France Télécom/XXX (a) ; France Télécom (b, d) ; L. Beurier/France Télécom/ONS.COM (c) ; Masterfile/Pix, France Télécom Branche Grand Public (f) ; J.P. Rousse, France Télécom Branche Grand Public (g) – **p. 105 :** D. Barnes/La Photothèque SDP – **p. 106 :** S. Coupe/La photothèque SDP (1) ; Turespaña (2) ; Jonathan/La Photothèque SDP (3) ; Benainous-Tinacci/Gamma (4) ; J.J Barrelle/La photothèque SDP (5) ; R. Legrand/La Phothèque SDP (6) - **p. 108 :** Roger Viollet – **p. 110 :** Ministère des Finances (2) ; " Carte réalisée par Météo-France pour Le Monde " (4) – **p. 113 :** Euro Disney S.C.A (dessin à partir d'une photo du Château de la Belle au Bois Dormant) – **p. 114 :** Pictor – **p. 115 :** Colonel Mario/Explorer (1) ; P. Graffion/Urba Images (2) ; Agence de Presse I.D.E. (3) – **p. 120 :** PMU, W. Morgan/Cosmos (1) ; Banque Directe (2) – **p. 121 :** D.W. Hamilton/Image Bank (1) ; R. Cundy/Pix (2) ; R. Lockyer/Image Bank (3) – **p. 122 :** La Poste, Direction du Réseau Grand Public – **p. 124 :** R. Buttigieg-Sanna/Ed. Didier (a) ; L'Assurance Maladie (b, c), X. Lambours/Métis (b) ; X. Rossi/Gamma (d) ; Krassovsky/BSIP (e) ; DR (f) – **p. 126 :** T. Bognar/La Photothèque SDP (1) ; C. Arnal/La Photothèque SDP (2) – **p. 128 :** Stills (1) ; Pat/Stills (2) ; J.P. Bonnotte/Gamma (3) – **p. 129 :** Cat's/DR ; Stills – **p. 130 :** Futuroscope – **p. 134 :** R. Buttigieg-Sana/Ed. Didier (a) ; B. Annebicque/Sygma (b) ; T. Bognar/La Photothèque SDP/DR (c) ; Groupement Carte Bleue (d) ; France Télécom Mobiles (e) ; Française de Jeux (f) ; SNCF-CAV/FL (g) – **p. 137 :** D. Schneider/Urba Images (1) ; C. Germain/Fondation Maeght/Adagp, Paris 1999 (2).

Nous avons recherché en vain les ayants droit de certaines illustrations reproduites dans ce livre. Leurs droits sont réservés aux Éditions Didier.

Dessinateurs :
Marie-Anne Abesdris : pp 3, 4.
Hubert Blatz : pp 49(b), 78(b).
Gilles Bonotaux : pp 11(b), 20(h), 21, 24, 41(h), 43, 45, 49(m), 54, 76, 81, 85, 92, 126.
Yves Cotten : pp 8, 9, 23, 26, 60(b), 78(h), 80, 84, 101, 127.
Stéphane Coussot : page 72.
Jean-Louis Goussé : pp 14, 17, 31(b), 53, 57, 98, 99, 112, 116, 129.
Juliette Levejac-Boum : pp 18(b), 39, 40, 44, 47, 48(h), 64, 65, 75, 88, 93, 111, 117.
Patrick Morin : pp 11(h), 18(h), 42, 113, 137(b).
Armelle Pitot-Belin : pp 20(b), 31(h), 37, 41(b), 48(b), 51(m,b), 63, 87, 110, 114, 137(h).
Jean-Marie Renard : pp 29, 49(h), 51(h), 60(h), 83, 96, 97, 118, 132, 133.

Conception graphique et maquette intérieure : Frédéric Aubailly - www.kikako.com
Couverture : Studio Favre et Lhaïk

Réalisation de l'accompagnement sonore et musical : Yves Hasselmann

© Les Éditions Didier, 2000 ISBN 2-278-05135-0
Imprimé en France par Clerc S.A. - 18200 Saint-Amand-Montrond - Avril 2002

Avant-propos

Nous avons conçu *Accord* pour un public de **vrais débutants, adultes et grands adolescents** de toutes nationalités, désirant acquérir **une réelle compétence de communication en 80 heures de cours.**

En partant de notre expérience de classe, nous avons élaboré une méthode tenant compte des réelles difficultés d'apprentissage langagier des débutants, des nécessités que doivent affronter les enseignants selon les institutions où ils enseignent, de l'importance d'utiliser un manuel clair et structuré, de la possibilité d'amener les étudiants à acquérir une démarche autonome.

Notre démarche est une **démarche notionelle-fonctionnelle** qui progressivement amène les étudiants au niveau de **l'unité A1 du DELF.** Les étudiants peuvent non seulement apprendre le français de façon communicative mais aussi le **prolonger en auto-apprentissage.**

Le volume 1 de Accord aborde les étapes de l'apprentissage à travers **quatre dossiers thématiques** qui peuvent constituer, selon les exigences du public, **quatre blocs indépendants de 20 heures chacun.** Chaque dossier propose à un étudiant voulant se rendre en France d'acquérir très progressivement des connaissances lui permettant d'aborder les situations dans lesquelles se trouve un étranger dans un pays nouveau.

Nous avons conçu les activités de façon claire et variée afin de maintenir la motivation des étudiants tout en les amenant à **acquérir des savoir-faire langagiers définis et identifiables.** L'apprentissage se poursuit pas à pas à travers des activités diversifiées plus ou moins complexes pour rassurer les étudiants en leur permettant de vérifier constamment leurs acquis.

Nous avons tenu compte des exigences d'horaires par le minutage de toutes les activités du manuel telles qu'elles doivent se dérouler en classe pour proposer un travail de classe réaliste et faisable.

STRUCTURE DU VOLUME 1

Le livre de l'élève est composé de quatre dossiers constitués pour chacun de :
- trois unités
- une préparation au DELF A1
- des pages "Travailler avec le CD audio".

DESCRIPTION D'UNE UNITÉ

Nous proposons en début d'unité un document authentique ou semi-authentique, écrit ou oral, contenant des occurences langagières qui seront travaillées pendant l'unité. Chaque unité est divisée en sections s'alternant ainsi :
1. un document déclencheur (avec activités de compréhension et acquisition du vocabulaire)
2. une première section grammaticale
3. une section de communication
4. une seconde section grammaticale
5. une section de civilisation, intitulée "Manières d'être"
6. une section de phonétique

Chaque section comprend des activités de découverte, d'observation, de mémorisation, de réemploi, accompagnées de nombreux enregistrements sonores et de documents visuels.

Des tableaux ou encadrés synthétiques récapitulent les points étudiés (lexicaux, verbaux, grammaticaux, communicatifs et phonétiques) : l'étudiant peut ainsi avoir à sa disposition une mise au point qui est reprise de manière systématique aussi bien dans les exercices à faire en autonomie que dans le CD.

Il est prévu pour chaque unité les transcriptions des enregistrements qui permettent de travailler avec le CD audio : elles sont regroupées à la fin de chaque dossier.

LE GUIDE PÉDAGOGIQUE

Le guide pédagogique est un guide d'utilisation pour les professeurs comprenant des indications d'exploitation du matériel, les corrigés des exercices, le minutage des activités, des tests d'évaluation pour chaque dossier et la transcription des enregistrements.

Les auteurs

Indications sur le mode d'emploi du CD

A quoi va vous servir ce CD ?

Le CD dans la méthode *Accord* a été conçu afin de vous permettre de reprendre, après la classe et à votre rythme, le contenu de chaque unité pour :

a. mieux fixer les acquisitions grammaticales, communicatives et lexicales étudiées pendant le cours,
b. avoir à votre disposition le corrigé de certains exercices ou activités,
c. écouter les sons étudiés et, ainsi, améliorer votre prononciation et votre intonation.

Comment est-il structuré ?

Pour chaque unité, le CD vous permet :

a. d'entendre des phrases sélectionnées dans le document de lancement de chaque unité ;
b. de réécouter des exemples des tableaux grammaticaux et communicatifs ;
c. de contrôler la correction des exercices de grammaire et de communication afin de pouvoir répéter et mémoriser les nouvelles acquisitions ;
d. d'écouter des phrases liées à la phonétique étudiée ;
e. d'écouter les verbes insérés dans les tableaux de conjugaisons (une sélection de formes verbales est proposée en fonction des difficultés d'ordre phonétique).

Comment pouvez-vous utiliser le CD ?

Dans les pages "Travailler avec le CD audio", vous trouverez à côté de chaque activité, comme référence, la page et le numéro d'exercice ou le titre de l'encadré correspondant à l'enregistrement.

Vous avez la possibilité d'utiliser le CD après chaque cours ou à la fin de chaque unité. Par exemple, après chaque unité, vous pourrez procéder ainsi :

1. écouter les activités du CD tout en regardant votre livre ;
2. vérifier la correction des exercices et contrôler ainsi si vos acquisitions sont correctes ;
3. fermer votre livre et, pour chaque activité du CD, écouter les phrases, et les répéter ;
4. en cas de difficulté, ne pas hésiter à reprendre l'activité du CD ou la page correspondante dans le livre et à interroger votre professeur sur vos doutes.

Pour faciliter votre travail, les activités du CD reprennent l'ordre progressif des exercices et des tableaux. Seules les conjugaisons sont regroupées en fin d'unité.

Exercices auto-correctifs sur Internet

Pour la première fois, une méthode de français s'enrichit d'un site Internet, qui permet à l'apprenant de s'entraîner en autonomie ou dans un centre de ressources en effectuant des exercices autocorrectifs.

Sur www.didieraccord.com, une série d'exercices classés par unité et par objectif d'apprentissage dans leur ordre d'apparition dans le manuel est proposée à l'apprenant.

Pour les classes dont les apprenants n'auraient pas accès à Internet, ni à domicile ni dans le centre de ressources de l'institution, les mêmes exercices sont reproduits dans le Guide Pédagogique *de* Accord*, de telle sorte que l'enseignant puisse les photocopier et les distribuer aux apprenants qui seraient désireux de faire des exercices supplémentaires.*

Fonctionnement du site Accord

Les exercices sont classés par Dossier puis par Unité. Par exemple, si au jour de la connexion c'est l'Unité 2 ("Premiers contacts") du Dossier 1 ("Arrivée") qui est étudiée en classe, il suffira à l'apprenant de cliquer sur l'unité correspondante dans la page d'accueil pour visualiser les différents exercices qui sont proposés, classés par objectif d'apprentissage. Il pourra choisir alors de faire un exercice sur "La négation", ou bien un exercice sur "L'élision"...

Les exercices du site Accord

Les exercices sont des exercices "fermés" (à trous, à choix multiples, etc...), afin de pouvoir proposer une correction automatique. Cependant, un écran de remédiation vient s'intercaler entre la saisie de la réponse par l'apprenant et la correction automatique de l'exercice, afin d'inciter l'apprenant à réfléchir sur son erreur et donner une dimension pédagogique à ces exercices automatiques.

Certains exercices sont sonorisés. Il s'agit des exercices de phonétique qui sont en dernière position dans chacune des unités. Il est cependant toujours possible d'effectuer la tâche demandée même si l'on ne dispose pas de son.

Comment utiliser le site Accord ?

Les exercices autocorrectifs sont complémentaires, c'est-à-dire qu'ils s'adressent aux apprenants qui souhaiteraient effectuer un prolongement en autonomie de l'apprentissage en classe, afin de renforcer des acquisitions. Toutefois, le professeur peut également proposer ces exercices comme travail personnel à effectuer entre deux cours, à domicile ou au centre de ressources de l'institution.

Arrivée

DOSSIER 1

Unité 1
Présentations

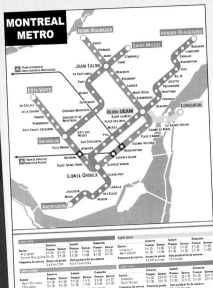

 Écoutez et retrouvez les messages en français.

1	2	3	4	5
x				

2 Dites comment les personnages de l'exercice 1 voyagent et dans quelle ville ils se trouvent.

	Transport	Ville
1		
2		
3		
4		
5		

Lexique
l'avion - le taxi - le train - l'aéroport - le métro - la gare

3 Trouvez des mots français qui existent dans votre langue.

Exemple : une crêpe, un hôtel, un restaurant...

Grammaire

Les pronoms sujets avec "être" et "avoir"

4 Soulignez les phrases que vous avez entendues.

A. ÊTRE
Je suis professeur.
Tu es journaliste.
Il /elle est belge.
Nous sommes français.
Vous êtes anglais.
Ils / elles sont photographes.

B. AVOIR
J'ai un livre.
Tu as une moto.
Il /elle a trois valises.
Nous avons "Le Monde".
Vous avez une adresse à Paris.
Ils / elles ont un passeport espagnol.

être
je suis
tu es
il/elle est
nous sommes
vous êtes
ils/elles sont

avoir
j'ai
tu as
il/elle a
nous avons
vous avez
ils/elles ont

5 Complétez ces dialogues avec les pronoms sujets.

Exemple : — **Ils** sont en Irlande ?
— Oui, **ils** sont à Dublin.

1. — .... êtes à l'aéroport ?
— Oui, à Orly.
2. — .... es avec Matthieu ?
— Non, ... suis avec Caroline !

3. — .... as un problème ?
— Non, tout va bien !
4. — .... est sympathique ?
— Oui, Marie est très sympathique !
5. — .... ont deux valises ?
— Non, les Durand ont un seul bagage.

6 *Complétez ces dialogues avec les verbes "être" ou "avoir".*

1. — Tu _____ à l'hôtel de Lyon ?
   — Non, je _____ à l'hôtel de Paris.

2. — Vous _____ marié ?
   — Non, je _____ célibataire !

3. — Elles _____ japonaises ?
   — Non, Tomiko _____ japonaise et
   My _____ vietnamienne.

4. — Nous _____ nos passeports ?
   — Oui, ils _____ dans la valise.

5. — Allô, tu _____ à l'aéroport ?
   — Non, je _____ à la gare Montparnasse !

6. — Vous _____ des amis à Bruxelles ?
   — Oui, j' _____ deux amis : Paul et Jean.

Communication
saluer / se présenter

Écoutez et associez le dessin au dialogue correspondant.

dialogue	1	2	3
dessin			

Saluer

Bonjour, monsieur ! / madame ! / mademoiselle ! Comment allez-vous ?
Bien merci et vous ?
Pas mal et vous ?
Comme ci, comme ça.

Salut, ça va ?
Oui, ça va et toi ?

8 *Écoutez et faites correspondre chaque dialogue à un dessin.*

dialogue	1	2	3
dessin			

s'appeler
je m'appelle [apɛl]
tu t'appelles
il/elle s'appelle
nous nous appelons
vous vous appelez
ils /elles s'appellent [apɛl]

Se présenter

— Bonjour, je m'appelle Pierre Diaz et vous ?
— Rémy Ottaviano.

— Vous êtes français ?
— Oui.

— Bonjour, je m'appelle Henri et toi ?
— Martine.

— Tu es française ?
— Non, je suis belge !

9 *Jouez ces jeux de rôles.*

1. Henri salue Jacques et lui demande s'il est français. Jacques dit qu'il est suisse.
2. Le directeur de Renault salue sa secrétaire madame Blanche. La nouvelle secrétaire Emilie Campestre se présente.
3. Monsieur Joly salue sa voisine Anne Signoret. Il lui demande comment elle va. Elle répond qu'elle va bien.

Communication

comprendre les nombres

10 *Soulignez dans le tableau les chiffres et les nombres que vous entendez dans ces phrases, puis lisez-les.*

Les chiffres et les nombres

0	zéro	[zero]	11	onze		25	vingt-cinq	
1	un	[ɛ̃]	12	douze		30	trente	
2	deux	[dœ]	13	treize		40	quarante	
3	trois	[tʀwa]	14	quatorze		50	cinquante	[swasɑ̃t]
4	quatre	[katʀ]	15	quinze		60	soixante	
5	cinq	[sɛ̃k]	16	seize		70	soixante-dix	
6	six	[sis]	17	dix-sept	[disɛt]	80	quatre-vingts	
7	sept	[sɛt]	18	dix-huit		81	quatre-vingt-un	
8	huit	[ɥit]	19	dix-neuf		90	quatre-vingt-dix	
9	neuf	[nœf]	20	vingt	[vɛ̃]	100	cent	
10	dix	[dis]	21	vingt et un	[vɛ̃teɛ̃]	1000	mille	

(!) La prononciation de certains chiffres se modifie quand ils sont suivis d'un mot qui commence par une consonne.
5 livres   [sɛ̃ livʀ]   6 cassettes   [sikasɛt]
8 voitures   [ɥvwatyʀ]   10 voitures   [divwatyʀ]
21, 31, 41, 51, 61, 71, s'écrivent et se prononcent avec "*et*" : vingt et un, trente et un ...

Écrivez les numéros de téléphone donnés dans ces messages publicitaires.

1. _____   4. _____
2. _____   5. _____
3. _____

 Observez la carte
des autoroutes françaises.
Écoutez l'enregistrement
et écrivez en chiffres
le prix des différents
parcours.

1. _____
2. _____
3. _____
4. _____
5. _____

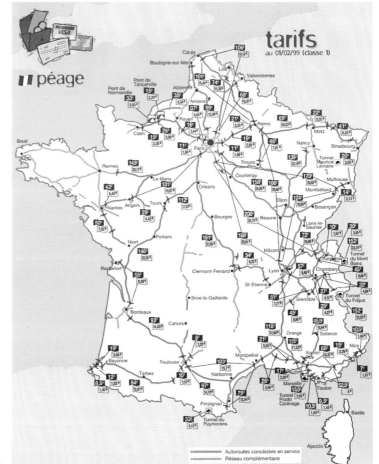

13 Un étudiant donne le tarif
d'un parcours. Les autres
étudiants doivent dire quel
est le parcours choisi.
Exemple : — 146 francs ?
— C'est le parcours
Bordeaux - Tours.

 Écoutez le message et remplissez le chèque ci-dessous.

les articles définis / indéfinis

15 A. *Observez le plan de l'île de la Cité puis, après écoute, soulignez dans le texte les endroits visités par ce touriste.*

Le quartier de l'île de la Cité a <u>une église</u>, <u>un pont</u>, <u>des marchés</u>, <u>un palais de justice</u>, <u>un hôtel de ville</u>,✓ <u>des places</u>, <u>des musées</u>, <u>une tour</u>, des stations de métro, des arrêts d'autobus, des cafés, des restaurants, un jardin public.

B. *Complétez ce tableau.*

	SINGULIER		PLURIEL	
	Article défini	**Article indéfini**	**Article défini**	**Article indéfini**
MASCULIN	le Pont Neuf	Un pont	les musées Carnavalet et Picasso	des musées
	l' Hôtel de Ville	..... hôtel de ville		
FÉMININ	la tour Saint Jacques	la tour	les places de la Bastille et des Vosges	des places
	l' église de la Sainte Chapelle	Une église		

Les articles définis et indéfinis

Le, la, l', les.
→ Voilà **la** voiture de François
(!) l' + nom avec voyelle ou "h" muet
→ **L'**église de Saint Eustache et l'**Hôtel de Ville** sont à Paris.

Un, une, des.
→ Voici **un** jardin public, **une** place, **des** cafés et **des** rues.

Un, une, des introduisent un nom que l'on présente pour la première fois.
Le, la, l', les désignent un nom particulier ou une notion générale.
→ Voici **une** station de métro. C'est **la** station Odéon.
Les Français aiment **le** fromage.

16 *Dites ce que vous aimez, vous adorez, vous détestez en vous aidant du lexique qui vous est proposé.*

Le cinéma, la lecture, la campagne, la ville, la mer, la montagne, les cigarettes, les chats, les chiens, le chocolat, le camembert.

J'aime le _____   J'adore le _____   Je déteste le _____
la _____   la _____   la _____
l' _____   l' _____   l' _____
les _____   les _____   les _____

17 *Dites ce que vous avez et ce que vous aimez.*

Exemple : J'ai **un** CD des Spice Girls, j'aime **la** musique.

Skis / montagne
Moto / vitesse
Chat / animaux

Livres / lecture
Guide de voyage / voyages
Cassettes vidéo / cinéma

18 *Complétez ces dialogues.*

1. — J'aime _____ chocolat mais je déteste _____ motos !
   — Moi, j'adore _____ voyages !
2. — J'ai _____ frère et _____ soeur.
   — Moi, j'ai _____ soeurs jumelles.
3. — Vous avez _____ dernier Paris Match ?
   — Non, madame. Désolé !
4. — Vous avez _____ voiture ?
   — Non, j'ai _____ moto !
5. — Tu es dans _____ immeuble moderne ?
   — Non, dans _____ maison avec _____ jardin.

Manières d'être
les prénoms français

19 *Observez ce calendrier et trouvez dix prénoms masculins et dix prénoms féminins.*

Prénoms masculins

Prénoms féminins

1999	JUILLET		AOÛT		SEPTEMBRE	
	3 h 53 à 19 h 56		4 h 25 à 19 h 28		5 h 08 à 18 h 33	
					1 M Gilles	
1 J	Thierry	1 D	Alphonse	2 J	Ingrid	☽
2 V	Martinien	2 L	Julien-Eymard **31**	3 V	Grégoire	
3 S	Thomas	3 M	Lydie	4 S	Rosalie	
4 D	Florent	4 M	J.-M. Vianney ☽	5 D	Raïssa	
5 L	Antoine **27**	5 J	Abel	6 L	Bertrand **36**	
6 M	Mariette ☽	6 V	Transfiguration	7 M	Reine	
7 M	Raoul	7 S	Gaétan	8 M	Nativité N.-D.	
8 J	Thibaut	8 D	Dominique	9 J	Alain ☉	
9 V	Amandine	9 L	Amour **32**	10 V	Inès	
10 S	Ulrich	10 M	Laurent	11 S	Adelphe	
11 D	Benoît	11 M	Claire ☉	12 D	Apollinaire	
12 L	Olivier **28**	12 J	Clarisse	13 L	Aimé **37**	
13 M	Henri, Joël ☉	13 V	Hippolyte	14 M	La Sainte Croix	
14 M	FÊTE NATIONALE	14 S	Evrard	15 M	Roland	
15 J	Donald	15 D	ASSOMPTION	16 J	Edith	
16 V	N.-D. Mont-Carmel	16 L	Armel **33**	17 V	Renaud ☾	
17 S	Charlotte	17 M	Hyacinthe	18 S	Nadège	
18 D	Frédéric	18 M	Hélène ☾	19 D	Emilie	
19 L	Arsène **29**	19 J	Jean-Eudes ☾	20 L	Davy **38**	
20 M	Marina ☾	20 V	Bernard	21 M	Matthieu	
21 M	Victor	21 S	Christophe	22 M	Maurice	
22 J	Marie-Madeleine	22 D	Fabrice	23 J	AUTOMNE	
23 V	Brigitte	23 L	Rose de Lima **34**	24 V	Thècle	
24 S	Christine	24 M	Barthélemy	25 S	Hermann ☺	
25 D	Jacques	25 M	Louis	26 D	Côme, Damien	
26 L	Anne, Joachim **30**	26 J	Natacha	27 L	Vincent de Paul **39**	
27 M	Nathalie	27 V	Monique ☺	28 M	Venceslas	
28 M	Samson ☺	28 S	Augustin	29 M	Michel	
29 J	Marthe	29 D	Sabine	30 J	Jérôme	
30 V	Juliette	30 L	Fiacre **35**			
31 S	Ignace de Loyola	31 M	Aristide			

l'alphabet

 20 En écoutant la chanson, regardez le tableau ci-dessous.

L'alphabet									
A[a]	B[be]	C[se]	D[de]	E[ə]	F[ɛf]	G[ʒe]	H[aʃ]	I[i]	J[ʒi]
K[ka]	L[ɛl]	M[ɛm]	N[ɛn]	O[o]	P[pe]	Q[ku]	R[ɛʁ]	S[ɛs]	
T[te]	U[y]	Vve	W[dubləve]	X[iks]	Y[igʁɛk]	Z[zɛd]			

 21 Écoutez et répétez.

1. — Je m'appelle Bernard Dupond.
   — Épelez, s'il vous plaît !
   — B.E.R.N.A.R.D. puis D.U.P.O.N.D

2. — Vous vous appelez comment ?
   — Stefania Olivares
   — Comment ?
   — S.T.E.F.A.N.I.A. puis O.L.I.V.A.R.E.S.

3. — Vos nom et prénom ?
   — Sato Mariko.
   — Épelez s'il vous plaît !
   — S.A.T.O. puis M.A.R.I.K.O.

22 Épelez votre nom et votre prénom puis demandez à un autre étudiant d'épeler son nom et son prénom. Aidez-vous du calendrier de l'exercice 19 et de la liste ci-dessous.

K comme Karine – Q comme Quentin – U comme Ursule – W comme William
X comme Xavier – Y comme Yann – Z comme Zoé

 23 Écoutez et complétez ce bordereau.

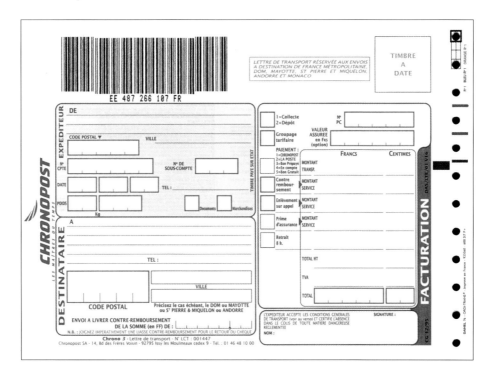

Unité 2
Premiers contacts

 Le dessinateur a commis trois erreurs : écoutez l'enregistrement et retrouvez-les.

Lexique
épeler un nom – figurer sur une liste – être sûr (e) du nom – une réservation

2 *Remettez ces dialogues dans l'ordre.*

A. 1. — Oui, monsieur.
2. — Je m'appelle Paul Mellory.
3. — Bonjour, monsieur, c'est le mini-bus de l'hôtel Beauséjour ?
4. — M.E.L.L.O.R.Y.
5. — Oui, monsieur, vous pouvez épeler votre nom, s'il vous plaît ?

B. 1. — Peterson, je n'ai pas votre nom sur ma liste.
2. — Non, vraiment monsieur, je regrette, vous n'êtes pas sur ma liste, vous êtes sûr du nom de l'hôtel ?
3. — Peterson, P.E.T.E.R.S.O.N., je suis norvégien d'Oslo.
4. — Je m'appelle Peterson, j'ai une réservation du 3 au 7 octobre.

4			

3 *Écoutez l'enregistrement et indiquez à côté de chaque nom de la liste le numéro correspondant.*

HRG

Hôtel Rive Gauche

14, quai des Grands Augustins - 75006 PARIS

☐ M Cherky Ivan
☐ Mme Pierdet Simone
1 M Romero Luis
☐ Mme Simonneau Yvonne
☐ M Sollers Jacques
☐ Mme Stilberg Astrid
☐ M Vannini Luigi

4 *Par groupes de deux, créez des dialogues à partir de ces canevas puis jouez-les.*

Dialogue n°1:
 - M. Rollers se présente au chauffeur du mini-bus de l'hôtel Esméralda.
 - Le chauffeur lui demande d'épeler son nom.
 - M. Rollers épelle son nom.
 - Le chauffeur vérifie que le nom Rollers figure sur sa liste et demande à M. Rollers de monter dans le mini-bus.

Dialogue n°2:
 - Mme Ushang se présente au chauffeur du mini-bus de l'hôtel de Lyon.
 - Le chauffeur lui demande d'épeler son nom.
 - Mme Ushang épelle son nom. Sa réservation est du 3 au 10 juin.
 - Le chauffeur ne trouve pas son nom.

5 Regardez le tableau du présent
des verbes en " er ", puis soulignez
dans les publicités ci-dessous les
verbes au présent.

SIEMENS

"J'arrive le 16
à 14 heures"

❶ téléphone Siemens, et tout devient possible...

J'aime le soleil
mais je protège ma peau.

❷ L'EUROPE CONTRE LE CANCER

Le présent des verbes en "er"

Arriver
j'arriv**e**
tu arriv**es**
il/elle arriv**e**
nous arriv**ons**
vous arriv**ez**
ils arriv**ent**

(!) **1.** Les trois personnes du singulier et la 3ème personne du pluriel se prononcent de la même manière.

2. J'épelle, tu épelles, il/elle épelle, ils/elles épellent, nous épelons, vous
épelez.

D'autres verbes en "er": écouter, chanter, étudier, donner, téléphoner,
regarder, monter, habiter, changer...

6 Écoutez, puis trouvez la forme verbale correcte.

1. Tu _____ la voiture de Tom ?
   ☐ aimes ☐ aiment ☐ aime
2. Ils _____ de maison.
   ☐ changent ☐ change ☐ changes
3. J' _____ la ville de Caen.
   ☐ adores ☐ adore ☐ adorent
4. Tu _____ ton ami ?
   ☐ appelles ☐ appellent ☐ appelle
5. Comment vous _____ votre nom ?
   ☐ épelez ☐ épelles ☐ épelle

6. D'accord, je te _____ mon numéro de
   téléphone.
   ☐ donnes ☐ donne ☐ donnent
7. Celsio _____ à Lisbonne.
   ☐ habite ☐ habitez ☐ habitent
8. Elles _____ au chauffeur de l'hôtel.
   ☐ parle ☐ parlent ☐ parles

la négation

7 **A.** *Observez la liste de l'hôtel, puis écoutez l'enregistrement. Pour chaque cas, dites si le voyageur figure ou non sur la liste.*

> **Exemples :** Bonjour, monsieur, je m'appelle Yumi Ushida.
> → **Non**, madame, vous **ne** figurez **pas** sur la liste.
> Monsieur, s'il vous plaît, je m'appelle Rose Sellary.
> → Oui, vous êtes sur la liste, madame.

B. *Indiquez comment se forme la négation en complétant cette phrase :*

Vous _____ figurez _____ sur cette liste.

8 *Répondez selon le modèle de l'exemple.*

> **Exemple :** Vous êtes trois ? (cinq)
> Non, nous **ne** sommes **pas** trois, nous sommes cinq.

1. Tu joues au football ? (jouer au basket)

2. Vous habitez Paris ? (Lille)

3. Il aime le cinéma ? (adorer le théâtre)

4. Elle est japonaise ? (américaine)

5. Vous écoutez un CD d'Elton John ? (regarder un film de Chaplin)

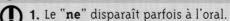

La négation

ne + verbe + pas
Il **ne** parle **pas** japonais.
Il **n'**aime **pas** le café.

(!) 1. Le "**ne**" disparaît parfois à l'oral.
→ Je trouve **pas** le nom de l'hôtel.
2. Devant une voyelle, "**ne**" devient "**n'**"
→ Je **n'**écoute **pas** la radio.

Observez, écoutez attentivement l'intonation, puis lisez les phrases à voix haute.

PARIS MODE D'EMPLOI

1. Vous cherchez un bar à vin sympathique ?

2. Vous aimez faire du cheval ?

3. Vous désirez réserver 2 places pour l'Opéra Bastille ?

4. Vous cherchez les horaires d'ouverture de la Sainte Chapelle ?

5. Vous cherchez un hôtel dans le quartier de la Tour Eiffel ?

INFORMATION & RÉSERVATION
Un seul numéro
01 44 29 12 12

 Voici une série de phrases. Certaines sont des affirmations, d'autres des négations, d'autres encore des interrogations. Pour chaque phrase, cochez la/les case(s) correspondante(s).

	Exemple	1	2	3	4	5	6	7	8	9	10	11
affirmation	X											
négation												
interrogation												

11 *Regardez les deux dessins ci-dessous et cochez la réponse correcte.*

Tu

On dit : "tu parles anglais ?"

☐ entre jeunes, entre amis, entre personnes de la même famille.

☐ entre adultes à la première rencontre, entre personnes d'âge ou de conditions sociales différentes.

Vous

On dit : "vous parlez anglais ?"

☐ entre jeunes, entre amis, entre personnes de la même famille.

☐ entre adultes à la première rencontre, entre personnes d'âge ou de conditions sociales différentes.

❗ "Vous" est aussi utilisé pour parler à plusieurs personnes.
→ Vous venez les enfants ?

12 *Écoutez les questions puis cochez la case correspondante. Si c'est le "tu" qui est utilisé : question amicale ; si c'est le "vous": question formelle.*

	1	2	3	4	5	6	7	8
question amicale (tu)	X							
question formelle (vous)								

13 *Complétez ces dialogues.*

a. Dans le train. Une Française et un touriste.

1. — _____ ?
— Non, je suis anglais, de Liverpool.

2. — _____ ?
— Oui, j'aime la France.

b. À la maison. Pierre et sa maman.

1. — _____ ?
— Oui, je téléphone à la fac.

2. — _____ ?
— Oui, j'ai un examen demain.

c. À l'école. Le professeur d'anglais et ses élèves.

1. — _____ ?
— Oui, monsieur, nous chantons les chansons des Beatles.

2. — _____ ?
— Non, monsieur, nous ne regardons pas les films américains à la télé.

Communication

exprimer ses goûts

 14 *Écoutez le dialogue et, à l'aide du tableau "Exprimer ses goûts et ses préférences", complétez la grille.*

Lexique
la place - libre - la pluie - le froid - souvent

	aime	n'aime pas
La femme		
L'homme		

Exprimer ses goûts et ses préférences

J'adore le café. ****
J'aime beaucoup l'Espagne. ***
J'aime bien la France. **
J'aime assez la voiture d'Eric. *
Je préfère le thé / j'aime mieux la campagne. *

Je déteste les romans policiers. ****
Je n'aime pas du tout le dimanche. ***
Je n'aime pas beaucoup l'histoire. **

15 *Complétez ces phrases avec ce que vous aimez ou ce que vous détestez. Vous pouvez vous inspirer de la liste ci-dessous.*

j'adore _____
j'aime beaucoup _____
j'aime bien _____
je déteste _____
je n'aime pas du tout _____
je n'aime pas beaucoup _____

les concerts de rocks, les voitures sportives, les villas à la campagne, les voyages en avion, le bruit du métro, la circulation, le soleil, les films d'aventure, les parcs, la pluie, les jardins, les cafés...

les adjectifs de nationalité

 Écoutez et observez.

1. chilien	2. philippine
3. allemand	5. espagnole
4. anglais	6. belge
6. belge	7. chilienne
9. espagnol	8. marocaine
10. japonais	11. italienne
12. philippin	13. argentine
15. italien	14. chinoise
19. marocain	16. japonaise
20. italien	17. allemande
21. argentin	18. anglaise
22. chinois	23. tunisienne

 Écoutez et complétez.

● Japon   Yan est japonais.   Yumi est ....

Italie   Ettore est ....   Elvira est italienne.

États-Unis   Phillip est ....   Dorothy est américaine.

Belgique   François est belge.   Barbara est ....

Espagne   Pablo est espagnol.   Carmen est ....

Argentine   Jorge est ....   Estela est argentine.

Allemagne   Rolf est ....   Erika est allemande.

Chine   Kui est ....   Ou est chinoise.

 Réécoutez l'enregistrement de l'exercice 17 et cochez "oui" ou "non" pour chacun de ces couples d'adjectifs.

la prononciation est identique

1. japonais – japonaise   oui ☐   ☒ non
2. italien – italienne   oui ☐   ☐ non
3. américain – américaine   oui ☐   ☐ non
4. belge – belge   oui ☐   ☐ non
5. espagnol – espagnole   oui ☐   ☐ non
6. argentin – argentine   oui ☐   ☐ non
7. allemand – allemande   oui ☐   ☐ non
8. chinois – chinoise   oui ☐   ☐ non

 À qui parle Anne ? À un homme ? À une femme ? On ne sait pas ? Pour chaque phrase, mettez une croix dans la case correspondante.

	1	2	3	4
un homme				
une femme				
on ne sait pas				

	5	6	7	8
un homme				
une femme				
on ne sait pas				

20 *Complétez les phrases suivantes.*

Exemple : J'adore la boxe _____ (Japon).
→ J'adore la boxe **japonaise.**

1. La pizza _____ (Italie) est délicieuse.
2. Guillermo est _____ (Argentine).
3. C'est un toréador _____ (Espagne).
4. BMW est une marque _____ (Allemagne).
5. Le hamburger est un plat _____ (Amérique).
6. Liège est une ville _____ (Belgique).

Les adjectifs de nationalité	
masculin	**féminin**
- ais	- ais**e**
- en	- enn**e**
- ain	- ain**e**
- e	- **e**
- ol	- ol**e**
- in	- in**e**
- and	- and**e**
- ois	- ois**e**

Grammaire

c'est / il est

21 *Regardez les dessins et complétez les encadrés en cochant les bonnes cases.*

1. c'est ☐ + nationalité
☐ + un (une) + nationalité

2. il / elle est ☐ + nationalité
☐ + un/une + nationalité

22 *Complétez ces dialogues avec "c'est", "il est" ou "elle est".*

1. — _____ un Australien ?
— Oh non, _____ américain mais il habite à Melbourne.
2. — Tu aimes le fiancé de Sylvie ?
— Oui, beaucoup, _____ un professeur d'histoire, _____ belge.
3. — Quelle est la nationalité de Simone ?
_____ est canadienne.
4. — Et ce monsieur dans la chambre 305 ?
— _____ un journaliste, _____ japonais, il travaille au Monde.

C'est / il est
c'est + un / une + nom
il / elle est + adjectif + nom
C'est un chauffeur, **il est** sympathique.
Elle est américaine, **c'est** une actrice.

les éléments d'une ville française

23 *Pour chaque phrase, indiquez le numéro de la photo correspondante.*

	Photo
1. La mairie du 5ᵉ arrondissement ?	....
2. C'est l'autobus pour la gare ?	....
3. Prenez la ligne 9 et changez à la station République !	....
4. C'est une carte postale pour Gérard.	....
5. Tiens, j'ai une carte. La cabine est là-bas.	....
6. Les toilettes, s'il vous plaît ?	....

Phonétique

l'élision

 24 *Écoutez ces phrases et marquez les élisions.*

Exemple : J'aime les glaces

1. Ce est un Portugais.
2. Ils se appellent Henri et Max.
3. La université est à Bruxelles.
4. Le hôtel n'est pas cher.

5. Elle a une valise.
6. Quelle est son adresse ?
7. Je étudie une leçon de français.

L'élision

Devant un mot commençant par une **voyelle** (**a**mi) ou un **"h" muet** (**h**omme),

on met une apostrophe (') avec : **je** (j'), **me** (m'), **ne** (n'), **se** (s'), **ce** (c'), **le** (l'), **la** (l'), **de** (d').

→ **J'a**i un ami. - Je **m'a**ppelle Rose. - **L'h**ôtel de Paris est grand.

(!) Avec "elle", "quelle" et "une" on ne fait pas d'élision :
→ Quelle **i**dée ! - Elle **a**ime Nice. - C'est une **é**tudiante.

25 *Faites l'élision, si nécessaire, puis lisez ces phrases.*

1. Je habite à Genève.
2. Elle aime la cuisine indonésienne.
3. Je ne étudie pas l'italien.
4. Je me appelle Luc.

5. Ce est une idée excellente.
6. Quelle est la amie de Irène ?
7. Ils se aiment beaucoup.

Unité 3
Renseignements

GARE DE LYON (Métro)
Avec le MÉTRO-EXPRESS
à moins de 10 mn de l'OPÉRA
à moins de 10 mn de l'ÉTOILE

★★ NN

Grand Hôtel de France

12, Rue de Lyon - 75012 PARIS

Tél. 01.43.43.06.97
Fax 01.43.43.01.95
Bus : 20-27-57-61-65-91

Téléphone privé
dans toutes les chambres
ASCENSEUR

PRIX DES
CHAMBRES

RECEPTION

ORY

Lexique
une chambre
la date de départ
la salle de bains
le petit déjeuner
la clé

Écoutez puis répondez aux questions par "vrai" ou "faux".

	Vrai	Faux
1. Le client veut une chambre pour deux personnes.	☐	☐
2. Il reste à l'hôtel une nuit.	☐	☐
3. Son numéro de chambre est le 344.	☐	☐
4. Il préfère prendre son petit déjeuner au restaurant de l'hôtel.	☐	☐
5. Il a une chambre avec salle de bains.	☐	☐

Réécoutez le dialogue et complétez la facture.

 Écoutez puis complétez cette fiche.

GRAND HOTEL DE FRANCE ★★

Société Anonyme au Capital de 250 000 Francs

12, rue de Lyon - 75012 PARIS
Téléphone : 01 43 43 06 97 • Télécopie : 01 43 43 01 95
Siren : FR 86 542 053 905
R.C.S. : Paris B 542 053 905

31 Juillet 1998   Facture N°30768

BERGER

1   Pers   1010

Date	Prestations	Prix unitaire	Prix total
1	CHAMBRE SINGLE		
1	PETIT-DEJEUNER		
1	taxe sejour		
	TOTAL		
	Payé par ---> CHEQUES		
	---> Solde		
	Dont Tva 5.5%		
	TVA 20.6		

AVEZ-VOUS DÉPOSÉ
VOTRE CLEF ?
HAVE YOU LEFT YOUR KEY ?   Nous vous remercions de votre visite.

FICHE D'ÉTRANGER

CH. N° _____

NOM :
Name in capital letters   (écrire en majuscules)
Name in Druckschrift

Nom de jeune fille :
Maiden name
Mädchenname

Prénoms :
Christian names
Vornamen

Date de naissance :
Date of birth
Geburtsdatum

Lieu de naissance :
Place of birth
Geburtsort

Domicile habituel :
Permanent address
Gewöhnlicher Wohnort

Profession :
Occupation
Beruf

NATIONALITÉ
Nationality
Nationalität

Passeport N° :
Pass - Ausweis

Date d'arrivée en France :
Date of arrival in France
Einreisedatum in Frankreich

Date probable de sortie :
Probable date of your way out
Voraussichtliches Ausreisedatum

         , le

Signature
Unterschrift

Nombre d'enfants de moins de 15 ans
accompagnant le voyageur
Accompaning children under 15
Zahl der begleitenden Kinder unter 15 Jahren   109258 ORLANDI

Grammaire
quel(s), quelle(s)

4 *Observez ces phrases et indiquez si "quel" est au masculin, au féminin, au singulier ou au pluriel.*

	Masculin Singulier	Féminin Singulier	Masculin Pluriel	Féminin Singulier
1. Quelle est l'heure du départ du train ?				
2. Quels sont les bagages de M. Dupuis ?				
3. Quel est votre numéro de chambre ?				
4. Quelles sont les photos d'Agathe ?				

5 *Complétez ces dialogues avec "quel(s)" ou "quelle(s)"*

1. _____ sont les amies de Françoise ?
   Caroline et Léa.
2. _____ est la profession de John ?
   Il est acteur.
3. _____ sont les vols pour Ouagadougou ?
   AF250 et AF251.
4. _____ est l'âge de Jean ?
   Il a 25 ans.

> ## Les questions avec quel/le(s)
> **Masculin singulier**
> Quel est votre nom ?
> **Masculin pluriel**
> Quels sont les livres de français ?
> **Féminin singulier**
> Quelle est l'adresse de Walter ?
> **Féminin pluriel**
> Quelles sont les spécialités françaises?

Grammaire

la marque du pluriel

6 *Mettez ces phrases au pluriel puis lisez-les.*

Exemple : — Elle a des (carte/téléphonique)
cartes téléphoniques ?
— Oui, à 15 euros l'une.

1. — Il aime les (croissant/chaud) _____ ?
   — Oh oui, beaucoup.
2. — Paul et Marius sont des (collègue/sympathique) _____ ?
   — Ils sont adorables !
3. — Jean visite des (musée/connu) _____ à Paris ?
   — Non, il préfère se promener.
4. — Moi, j'adore les (film/comique) _____ et toi ?
   — Moi aussi.
5. — Le professeur donne des (exemple/clair) _____ ?
   — Oui, bien sûr !

> ## La marque du pluriel
> L'ami américain → Les amis américains
> Une grande rue → Trois grandes rues
>
> **(!)** On ne prononce pas le **s** final.

Écoutez puis complétez ces phrases en indiquant si nécessaire la marque du pluriel.

Exemple : Voici **des** maisons du XVe siècle.

1. J'adore _____ émission _____ de variétés.
2. Ils écoutent _____ cassette _____ des Spice Girls.
3. Jeanne passe _____ vacance _____ excellente _____
4. Nous aimons _____ dessert _____

8 *En utilisant les expressions du tableau ci-dessous, remplissez les bulles de ces dessins.*

Demander	**Remercier**
S'il vous plaît, un café !	**Merci**, c'est très gentil.
S'il te plaît, tu as le journal ?	**Merci beaucoup.**
	Non, merci.
Je voudrais une chambre, **s'il vous plaît**.	**Je vous remercie**, madame.
Pourriez-vous épeler votre nom, monsieur ?	**Je te remercie**, Pierre.
Pourrais-tu répéter, Anne ?	
Excusez-moi, **j'aimerais** avoir l'addition !	

1. Le client commande une salade à la serveuse.

2. La jeune fille demande le sel à son frère.

3. Le client demande le prix du billet pour Clermont-Ferrand.

9 *Après avoir lu cette carte d'invitation, choisissez parmi les propositions ci-dessous celles qui permettent de répondre poliment.*

☐ Cher Henri, merci de ton invitation. Bisous.

☐ Cher Henri, je n'ai pas le temps de venir.

☐ Cher Henri, je te remercie beaucoup et j'accepte avec plaisir !

☐ Cher Henri, je n'aime pas les anniversaires !

☐ Cher Henri, merci mais le 12 octobre, je travaille ! Désolée. Je t'embrasse !

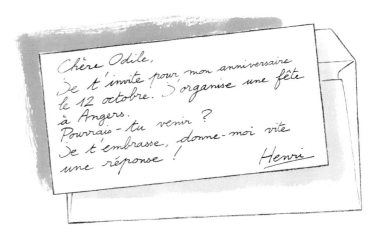

Chère Odile,
Je t'invite pour mon anniversaire le 12 octobre. J'organise une fête à Angers.
Pourrais-tu venir ?
Je t'embrasse, donne-moi vite une réponse !
Henri

10 *Par groupes de deux, créez des dialogues et jouez-les devant la classe.*

1. Elodie demande à une dame dans la rue le numéro du bus pour la gare de Lyon. La dame dit que c'est le numéro 27. Elodie la remercie.

2. Jacques demande à un voyageur dans le train si la place est occupée. Le voyageur dit qu'elle est libre. Jacques le remercie.

3. Sylvie demande à la vendeuse des Galeries Lafayette le prix d'une robe. La vendeuse dit que la robe coûte 228 euros. Sylvie la remercie.

dire
je dis [di]
tu dis
il/elle dit
nous disons [dizɔ̃]
vous dites [dit]
ils/elles disent [diz]

poser des questions

 11 *Écoutez le dialogue entre un touriste et l'employé de l'office du tourisme. Observez le tableau, puis relevez les questions en les classant.*

Poser des questions

Il existe 3 façons de poser des questions :

Vous restez une nuit ?
Est-ce que vous restez une nuit ?
Restez-vous une nuit ? (langue soutenue)

Employé : Bonjour, vous désirez ?
Touriste : Je voudrais visiter la Cité des Sciences et de l'Industrie, est-ce que c'est bien à Montparnasse ?
Employé : Non, c'est à La Villette !
Touriste : Ah bon, avez-vous un plan de Paris ?
Employé : Oui, bien sûr ! Tenez !
Touriste : Merci, c'est très gentil !

Langue standard (2 formes possibles)
1. ....
2. ....

Langue soutenue (1 forme possible)
3. ....

 12 *Écoutez puis écrivez chaque question devant la réponse correpondante.*

1. — .... ?
— J'ai 30 ans.
2. — .... ?
— Des croissants, merci.
3. — .... ?
— Non, ils arrivent en train.

4. — .... ?
— Non, j'habite à Nantes.
5. — .... ?
— Je suis médecin.

13 *Les répliques de deux dialogues sont mélangées. Écoutez puis reconstituez les deux dialogues.*

1. — Oui, beaucoup, c'est ma musique préférée.
2. — Non, pas du tout, je suis grec.
3. — Oui, Mozart et du jazz.
4. — Est-ce que vous êtes en vacances ?

5. — Et vous écoutez d'autres musiques ?
6. — Non, je suis à Paris pour le travail.
7. — Est-ce que vous aimez le rock ?
8. — Vous êtes irlandais ?

Dialogue 1 : □ □ □ □   **Dialogue 2 :** □ □ □ □

14 *Posez des questions selon des situations différentes.*

1. Vous demandez à Loulou si elle est française.

_____ ?

2. Vous demandez à Jean l'heure du film.

_____ ?

3. Vous demandez à une employée de la RATP un ticket d'autobus.

_____ ?

4. Vous demandez à Pedro la nationalité de Maria.

_____ ?

5. Vous demandez à Monsieur Berthier s'il est belge.

_____ ?

6. Vous demandez à Jacques l'adresse du restaurant "chez Tintin".

_____ ?

Grammaire
les articles contractés

15 *Observez les documents et les phrases puis complétez le tableau.*

1. Au cinéma ? Bon, d'accord !
2. Rendez-vous à la gare de Lyon !
3. Les enfants ? Ils sont à l'école !
4. Nom du père ? Nom de la mère ?
5. Ouf ! J'arrive de l'université !
6. C'est un gâteau de la boulangerie MiamMiam ? Excellent !
7. J'arrive de l'aéroport !
8. Quels sont les noms des professeurs de Paul ?
9. Téléphonez aux parents du petit Pierre ! Il est toujours en retard !
10. Partons aux Philippines !

Céline **Dion** à l'Olympia
Réservations 01 47 47 31 16

partir
je pars
tu pars
il part
nous partons
vous partez
ils partent

LA RENTRÉE DES MAMANS

C'est la rentrée aujourd'hui et Pauline a beaucoup de souci. Il faut réveiller Maman, la traîner jusqu'à l'école, la rassurer. La rentrée, c'est dur pour les Mamans !

LA RENTRÉE DES MAMANS
Écrit par Jo Hoestland et illustré par Claude et Denise Millet

BAYARD POCHE

Les articles contractés

On forme les articles contractés avec les prépositions **à** et **de.**

	à		de	
	MASCULIN	FÉMININ	MASCULIN	FÉMININ
SINGULIER	À l'Olympia	À la gare		
PLURIEL	Aux parents		Le nom des professeurs	La rentrée des mamans

(!)
à + le → Je vais **au** théâtre.
de + le → Je viens **du** cinéma.
à + les → Je vais **aux** Tuileries.
de + les → Je viens **des** Halles.

16 *Dites où vous allez.*

Exemple : (dormir) → Pour dormir, je vais **à** l'hôtel.

aller
je vais [vɛ]
tu vas
il/elle va
nous allons
vous allez
ils/elles vont [vɔ̃]

venir
je viens [vjɛ̃]
tu viens
il/elle vient
nous venons [vənɔ̃]
vous venez
ils/elles viennent [vjɛn]

1. acheter une baguette
2. boire un café
3. étudier
4. envoyer des lettres
5. jouer au football
6. regarder des tableaux de Picasso
7. acheter des médicaments
8. demander une carte d'identité

17 *Dites dans quels endroits on prononce ces phrases en vous aidant du vocabulaire indiqué.*

Exemple : Un timbre, s'il vous plaît !
→ **À la** poste ou **au** bureau de tabac.

1. Les passagers à destination de Tunis, embarquement immédiat !
2. Un carnet de chèques. Merci !
3. Je cherche un dictionnaire, pouvez-vous m'aider ?
4. Pourriez-vous me dire où est le bureau des passeports ?
5. L'addition, s'il vous plaît !

a. la préfecture
b. le restaurant
c. la librairie
d. l'aéroport
e. la banque

18 *Complétez ces dialogues avec des articles contractés.*

Exemple : — Tu viens au cinéma avec nous ?
— Non, je préfère aller **au** théâtre !

1. — Julia arrive _____ gare ?
   — Non, elle arrive _____ aéroport !
2. — Monsieur Franck, c'est le nom _____ professeur d'informatique ou _____ secrétaire ?
   — Non, Franck est le prénom _____ professeur d'informatique. Le nom _____ secrétaire est madame Planche.
3. — Paul va _____ pharmacie ?
   — Oui, ensuite, il va _____ bureau de tabac.
4. — Ils disent _____ employés de partir ?
   — Oui, ils partent _____ bureau à 17 heures.
5. — Demain, c'est la fête _____ mères ?
   — Non, c'est la fête _____ pères.

l'hébergement en France

Écoutez ces trois phrases et associez-lez aux documents.

a

b

phrase	1	2	3
document			

Grand **H**ôtel
des
Balcons
★★

3, rue Casimir-Delavigne
75006 PARIS
✆ 01 46 34 78 50
Fax 01 46 34 06 27
Chambres : 51
Un hôtel très agréable situé au coeur du
quartier Latin.
Petit-déjeuner buffet à volonté.

c

L'hébergement en France

La France compte 22.000 hôtels.

Vous pouvez choisir la catégorie de votre hôtel (de 0 à 4 étoiles plus 4 étoiles luxe, souvent noté cinq étoiles) selon les commodités.

Les prix sont indiqués taxe et service compris. Ils sont donnés par chambre. Vous pouvez prendre seulement la chambre, une demi-pension ou une pension.

Vous pouvez loger chez l'habitant dans un gîte.

Dans les campings, les étoiles indiquent le confort proposé aux clients.

Phonétique

la liaison

20 *Écoutez et soulignez les liaisons.*

Exemple : des étudiants

1. J'ai des amis polonais.
2. Ils aiment les animaux.
3. Chez eux ou chez elles ?
4. C'est un grand immeuble.
5. Sans eux, je ne vais pas au cinéma.
6. Je vais de plus en plus au théâtre.
7. Quand il est à Nice, il est heureux.

21 *Marquez les liaisons puis lisez ces phrases.*

Exemple : C'est un petit cadeau .

1. Elles ont des exercices à faire.
2. C'est un ami de Laure.
3. Nous allons aux Etats-Unis.
4. Ils ont cinq amis portugais.
5. Vous avez de plus en plus de travail.
6. En Angleterre, il pleut souvent.
7. C'est un livre très intéressant.
8. Il est venu sans elle.
9. Vous êtes trop occupé.
10. Quand ils arrivent chez eux, ils sont contents.

La liaison

1. Ils écoutent un disque.
   → pronom sujet + verbe
2. Les étudiants.
   → déterminant + nom
3. C'est très important.
   → adverbe + mot qui suit
4. Chez elles. En Afrique.
   → préposition + mot qui suit
5. De plus en plus.
   → dans les expressions courantes

On fait la liaison dans les expressions **"c'est un(e)"; "il/elle est"** + **mot commençant par une voyelle** :

→ C'est un Portugais.
   Il est anglais.

! Lors d'une liaison, /s/ et /x/ se prononcent comme /z/ et /d/ comme /t/.
   → Sans argent [sãzargã]
   Dix enfants [dizãfã]
   Quand il [kãtil] va à Paris, il prend le train.

DELF

ORAL

1 *Écoutez ce dialogue et remplissez la fiche d'inscription de Sophie Dulac au cours d'informatique sur le modèle de la fiche de Sabine Delmont.*

FICHE D'INSCRIPTION	FICHE D'INSCRIPTION
Nom de l'élève :	Nom de l'élève : *Delmont*
Prénom :	Prénom : *Sabine*
Date et lieu de naissance :	Date et lieu de naissance : *15 mars 1977 Strasbourg*
Adresse :	Adresse : *14 rue Gay Lussac 75 005 Paris*
Téléphone :	Téléphone : *0162322890*

2 *Que dites-vous dans ces situations ?*

Exemple : Vous demandez à une employée de l'office du tourisme l'adresse d'un bon hôtel.
→ Pourriez-vous m'indiquer l'adresse d'un bon hôtel ?

1. Vous demandez à un employé de la gare le prix d'un billet de train Paris-Tours.

2. Un ami vous invite à dîner au restaurant. Vous le remerciez à la fin du repas.

3. Vous demandez au directeur de votre hôtel une autre chambre, parce que la vôtre est trop bruyante.

4. Vous demandez à une camarade de classe son adresse et son numéro de téléphone.

ÉCRIT

3 *Regardez la bande dessinée et racontez l'arrivée à Paris de Mme Diaz en utilisant le vocabulaire indiqué (60-80 mots).*

1. arriver à l'aéroport - se diriger vers le minibus de l'hôtel St Sulpice.

2. regarder la liste - ne pas trouver le nom de Mme Diaz.

3. montrer un fax.

4. regarder le fax - montrer le bus de l'hôtel St. Michel.

5. se diriger vers le minibus de l'hôtel St. Michel.

Ce matin, Mme Diaz arrive à l'aéroport et ....
....
....
....
....
....

4 *Remettez les phrases dans l'ordre et retrouvez les deux messages électroniques que Jeanne Duroc envoie à Genève dès son arrivée à Paris, l'un à son mari, l'autre à son directeur.*

1. tu es adorable.

2. Jeanne

3. Monsieur, pourriez-vous me téléphoner ?

4. Merci pour tes fleurs,

5. demain avant la réunion avec les directeurs d'Uranex ?

6. Je vous remercie.

7. Jeanne Duroc

8. Je t'embrasse très fort.

message 1	4			
message 2	3			

Travailler avec le CD audio

Unité 1 *02*

PRÉSENTATIONS

Activité 1 📖 P. 6 Exercice 1
1. Je m'appelle Hubert.
2. Je suis à Montréal.
3. Notre train pour Lyon est à 2 heures.
4. Nous nous appelons Marc et Christian.

LES PRONOMS SUJETS AVEC "ÊTRE" ET "AVOIR"

Activité 2 📖 P. 8 Exercice 6
1. Tu es à l'hôtel de Lyon ?
2. Vous êtes marié ?
3. Non, je suis célibataire.
4. Nous avons nos passeports ?
5. J'ai deux amis : Paul et Jean.

SALUER / SE PRÉSENTER

Activité 3 📖 P. 8 "Saluer"
1. Bonjour, monsieur, comment allez-vous ?
2. Bien merci et vous ?
3. Bonjour, madame, comment allez-vous ?
4. Pas mal et vous ?
5. Bonjour, mademoiselle, comment allez-vous ?
6. Comme ci, comme ça.
7. Salut, ça va ?
8. Oui, ça va et toi ?

Activité 4 📖 P. 9 "Se présenter"
1. Bonjour, je m'appelle Pierre Diaz et vous ?
2. Bonjour, je m'appelle Henri et toi ?
3. Vous êtes français ?
4. Tu es française ?
5. Non, je suis belge !

Activité 5 📖 P. 9 Exercice 9
1. — Bonjour Jacques ! Tu es français ?
   — Non, je suis suisse.
2. — Bonjour madame Signoret, comment allez-vous ?
   — Très bien, merci, et vous ?

COMPRENDRE LES NOMBRES

Activité 6 📖 P. 9 "Les chiffres et les nombres"
1. 1, 2, 3, 4, 5, 6, 7, 8, 9, 10.
2. 11, 12, 13, 14, 15, 16, 17, 18, 19, 20, 21.
3. 30, 40, 50, 60, 70, 80, 81, 90, 100, 1000, 1 000 000.
4. Cinq livres, six cassettes, huit voitures, dix voitures.

Activité 7 📖 P. 10 Exercice 12
1. Paris - Lille 74 F.
2. Paris - Angers 131 F.
3. Paris - Boulogne 99 F.

LES ARTICLES DÉFINIS / INDÉFINIS

Activité 8 📖 P. 11 "Les articles définis et indéfinis"
1. Voilà la voiture de François.
2. L'église Saint Eustache et l'Hôtel de Ville sont à Paris.
3. Voici un jardin public, une place, des cafés et des rues.
4. Voici une station de métro. C'est la station Odéon.
5. Les Français aiment le fromage.

Activité 9 📖 P. 12 Exercice 17
1. J'ai des skis, j'aime la montagne.
2. J'ai une moto, j'aime la vitesse.
3. J'ai un chat, j'aime les animaux.
4. J'ai des livres, j'aime la lecture.

L'ALPHABET

Activité 10 📖 P. 13 "L'alphabet"
1. a, b, c, d.
2. e, f, g, h.
3. i, j, k, l.
4. m, n, o, p.
5. q, r, s, t.
6. v, w, x, y, z.

Activité 11 📖 P. 13 Exercice 22
1. Je m'appelle Elio Monti. E comme Eugène, L comme Laurence, I comme Irène, O comme Odile, M comme Marie, O comme Odile, N comme Nicolas, T comme Thérèse, I comme Irène.
2. Et toi, tu t'appelles comment ?

CONJUGAISON

Activité 12
1. être : je suis, tu es, il est, elle est, nous sommes, vous êtes, ils sont, elles sont.
2. avoir : j'ai, tu as, il a, elle a, nous avons, vous avez, ils ont, elles ont.
3. s'appeler : je m'appelle, tu t'appelles, il s'appelle, elle s'appelle, nous nous appelons, vous vous appelez, ils s'appellent, elles s'appellent.

Unité 2 💿 *03*

PREMIERS CONTACTS

Activité 1 📖 P. 14 Exercice 1
1. Vous êtes le chauffeur de l'hôtel Palace ?
2. Je n'ai pas votre nom.
3. Je suis espagnole, de Toledo.
4. Vous êtes sûre du nom de l'hôtel ?
5. Je préfère l'hôtel Palace.

LES VERBES EN "ER"

Activité 2 📖 P. 16 Exercice 6
1. Tu appelles ton ami ?

2. Comment vous épelez votre nom ?
3. D'accord, je te donne mon numéro de téléphone.
4. Celsio habite à Lisbonne.
5. Elles parlent au chauffeur.

LA NÉGATION

Activité 3 P. 17 "La négation"
1. Il ne parle pas japonais.
2. Il n'aime pas le café.
3. Je trouve pas le nom de l'hôtel.

Activité 4 P. 17 Exercice 8
1. Non, je ne joue pas au football, je joue au basket.
2. Non, nous n'habitons pas à Paris, nous habitons à Lille.
3. Non, elle n'est pas japonaise, elle est américaine.

TU et VOUS

Activité 5 P. 18 "Tu / vous"
1. Tu parles anglais ?
2. Vous parlez anglais ?
3. Vous venez, les enfants ?

Activité 6 P. 19 Exercice 13
1. — Vous êtes français ?
   — Non, je suis anglais, de Liverpool.
2. — Vous aimez la France ?
   — Oui, j'aime la France.

EXPRIMER SES GOÛTS

Activité 7 P. 19 "Exprimer ses goûts"
1. J'adore le café.
2. J'aime beaucoup l'Espagne.
3. J'aime bien la France.
4. J'aime assez la voiture d'Eric.
5. Je préfère le thé.
6. J'aime mieux la campagne.
7. Je déteste les romans policiers.
8. Je n'aime pas du tout le dimanche.
9. Je n'aime pas beaucoup l'histoire.

Activité 8 P. 19 Exercice 15
1. J'adore les concerts rocks.
2. J'aime bien les films d'aventure.
3. Je n'aime pas du tout les voyages en avion.

LES ADJECTIFS DE NATIONALITÉ

Activité 9 P. 21 Exercice 20
1. J'adore la boxe japonaise.
2. La pizza italienne est délicieuse.
3. Guillermo est argentin.
4. C'est un toréador espagnol.
5. BMW est une marque allemande.
6. Le hamburger est un plat américain.
7. Liège est une ville belge.

C'EST / IL EST

Activité 10 P. 21 "C'est / il est"
1. C'est un chauffeur, il est sympathique.
2. Elle est américaine, c'est une actrice.

Activité 11 P. 21 Exercice 22
1. — C'est un Australien ?
   — Oh, non, il est américain.
2. — Quelle est la nationalité de Simone ?
   — Elle est canadienne.

L'ÉLISION

Activité 12 P. 22 "L'élision"
1. J'ai un ami.
2. Je m'appelle Rose.
3. L'hôtel de Paris est grand.
4. Quelle idée !
5. Elle aime Nice.
6. C'est une étudiante.

Activité 13 P. 22 Exercice 25
1. J'habite à Genève.
2. Elle aime la cuisine indonésienne.
3. Je n'étudie pas l'italien.
4. Je m'appelle Luc.
5. C'est une idée excellente.
6. Quelle est l'amie d'Irène ?
7. Ils s'aiment beaucoup.

CONJUGAISON

Activité 14
1. Arriver : j'arrive, tu arrives, il arrive, elle arrive, nous arrivons, vous arrivez, ils arrivent, elles arrivent.
2. Épeler : j'épelle, il épelle, nous épelons, ils épellent.

Unité 3 04

RENSEIGNEMENTS

Activité 1 P. 23 Exercice 1
1. Bonsoir, je voudrais une chambre, s'il vous plaît.
2. Très bien, désirez-vous une salle de bains ?
3. Quel est le prix de la chambre ?
4. Est-ce que vous préférez votre petit déjeunez dans la chambre ou au restaurant de l'hôtel ?
5. Je vous remercie.

QUEL(S), QUELLE(S)

Activité 2 P. 25 "Les questions avec quel/le(s)"
1. Quel est votre nom ?
2. Quels sont les livres de français ?
3. Quelle est l'adresse de Walter ?
4. Quelles sont les spécialités françaises ?

Activité 3 P. 25 Exercice 5
1. Quelles sont les amies de Françoise ?
2. Quelle est la profession de John ?
3. Quels sont les vols pour Ouagadougou ?
4. Quel est l'âge de Jean ?

LA MARQUE DU PLURIEL

Activité 4 P. 25 "La marque du pluriel"
1. L'ami américain.
2. Les amis américains.
3. Une grande rue.
4. Trois grandes rues.

Activité 5 P. 25 Exercice 6
1. Il aime les croissants chauds ?
2. Paul et Marius sont des collègues sympathiques ?

DEMANDER / REMERCIER

Activité 6 P. 26 "Demander / remercier"
1. S'il vous plaît, un café !
2. S'il te plaît, tu as le journal ?
3. Je voudrais une chambre, s'il vous plaît.
4. Pourriez-vous épeler votre nom, monsieur ?
5. Pourrais-tu répéter, Anne ?
6. Excusez-moi, j'aimerais avoir l'addition !
7. Merci, c'est très gentil.
8. Merci beaucoup.
9. Non, merci.
10. Je vous remercie, madame.
11. Je te remercie, Pierre.

Activité 7 P. 26 Exercice 8
1. Mademoiselle, je voudrais un thé, s'il vous plaît !
2. Pourrais-tu passer le sel, s'il te plaît ?
3. Excusez-moi, je voudrais connaître le prix du billet pour Clermont-Ferrand !

POSER DES QUESTIONS

Activité 8 P. 27 "Poser des questions"
1. Vous restez une nuit ?
2. Est-ce que vous restez une nuit ?
3. Restez-vous une nuit ?

Activité 9 P. 28 Exercice 14
1. Est-ce que tu es française ?
2. Quelle est l'heure du film ?
3. Avez-vous un ticket d'autobus, s'il vous plaît ?

LES ARTICLES CONTRACTÉS

Activité 10 P. 28 "Les articles contractés"
1. Je vais au théâtre.
2. Je vais aux Tuileries.
3. Je viens du cinéma.
4. Je viens des Halles.

Activité 11 P. 29 Exercice 16
1. Pour acheter une baguette, je vais à la boulangerie.
2. Pour boire un café, je vais au bar.
3. Pour étudier, je vais à l'université.
4. Pour jouer au football, je vais au stade.

Activité 12 P. 29 Exercice 18
1. Julia arrive à la gare ?
2. Non, elle arrive à l'aéroport.
3. Frank, c'est le nom du professeur d'informatique ?
4. Non, c'est le prénom du professeur d'informatique.
5. Paul va à la pharmacie ?
6. Oui, ensuite, il va au bureau de tabac.

LA LIAISON

Activité 13 P. 30 "La liaison"
1. Ils écoutent un disque.
2. Les étudiants.
3. C'est très important.
4. Chez elles.
5. En Afrique.
6. De plus en plus.
7. C'est un Portugais.
8. Il est anglais.
9. Sans argent.
10. Dix enfants.
11. Quand il va en France, il parle français.

Activité 14 P. 30 Exercice 21
1. C'est un petit cadeau.
2. Elles ont des exercices à faire.
3. Nous allons aux Etats-Unis.
4. Vous avez de plus en plus de travail.
5. En Angleterre, il pleut souvent.
6. C'est un livre très intéressant.

CONJUGAISON

Activité 15
1. Partir : je pars, nous partons, ils partent.
2. Aller : je vais, il va, nous allons, ils vont.
3. Dire : je dis, nous disons, vous dites, ils disent.
4. Venir : je viens, nous venons, ils viennent.

Dans la ville

Unité 1
Dans les magasins

- L'impératif
- Donner un conseil / interdire
- Savoir se repérer
- Les adjectifs démonstratifs
- Il y a
- Les magasins et les marchés
- La finale des mots

Unité 2
Au restaurant

- Les partitifs
- Exprimer la quantité
- Acheter
- L'interrogation (2)
- La restauration en France
- Les sons [ə] / [e]

Unité 3
A la banque

- Le passé composé
- Marquer les étapes d'une action
- Protester / réclamer
- Exprimer l'heure
- Accepter / refuser poliment
- Les adjectifs possessifs
- La banque
- Les sons [i] / [y] / [u]

DELF

Travailler avec le CD audio

DOSSIER 2

Unité 1
Dans les magasins

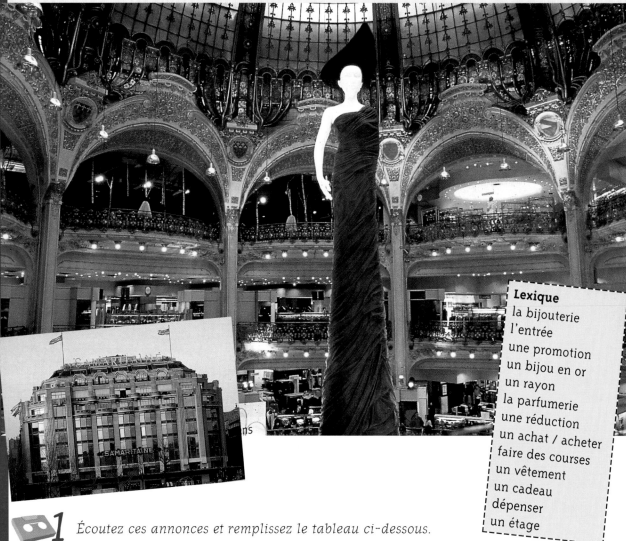

Lexique
la bijouterie
l'entrée
une promotion
un bijou en or
un rayon
la parfumerie
une réduction
un achat / acheter
faire des courses
un vêtement
un cadeau
dépenser
un étage

1 *Écoutez ces annonces et remplissez le tableau ci-dessous.*

	Rayon	Période de l'année	Objet	Réduction promotion / offre
1.	Stand bijouterie, à l'entrée du magasin	Fête des mères	Bijoux en or	20%
2.				
3.	Rayon papeterie	Septembre		
4.				

2 *Dites dans quel rayon vous pouvez acheter ces objets.*

   Exemple : au rayon papeterie, j'achète des crayons, des cahiers...

Objets	Rayon
Des pantoufles, une chaise, des gants, une chemise, une chaîne Hi-fi, un cahier, des draps, un sac en cuir , un savon, des pantalons, un crayon, des serviettes, un stylo, une armoire	Maroquinerie, vêtements, linge de maison, papeterie, ameublement, parfumerie, disques, chaussures

Grammaire

l'impératif

3 *Observez ces documents. Relevez pour chacun le verbe à l'impératif, puis complétez la colonne "Impératif".*

Infinitif	Présent de l'indicatif	Impératif
profiter	vous profitez	....
regarder	vous regardez	....
recevoir	vous recevez	....
conserver	vous conservez	....

L'impératif affirmatif et négatif

Il se forme à partir du présent de l'indicatif, sans les pronoms sujets.

Présent de l'indicatif	Impératif affirmatif	Impératif négatif
Tu viens à Nice. Nous allons au supermarché. Vous répétez la phrase.	**Viens** à Nice ! **Allons** au supermarché! **Répétez** la phrase !	**Ne viens pas** à Nice ! **N'allons pas** au supermarché ! **Ne répétez pas** la phrase !

(!) 1. Les verbes en "er" et le verbe "aller" à la deuxième personne du singulier perdent le **s**.

Tu mang**es**   Mang**e**
Tu v**as**   V**a**

2. avoir : **aie, ayons, ayez.**   **N'ayez** pas peur !
être : **sois, soyons, soyez.**   Ne **sois** pas timide !
savoir : **sache, sachons, sachez.**   **Sachez** faire cet exercice !
vouloir : **veuillez.**   **Veuillez** attacher vos ceintures !

4 *Dites le contraire.*

Exemple : — Viens avec moi !
— Ne viens pas avec moi !

1. Ouvrons la porte !
2. Allume la lumière !
3. Écrivez en noir !
4. Mangez votre sandwich !
5. Allez au cinéma !

5 *Que disent ces personnages ? Utilisez les infinitifs indiqués.*

Exemple : Un agent de police (avancer - ne pas rester là)
— Avancez, ne restez pas là.
— D'accord, monsieur l'agent, excusez-moi !

1. Un professeur (ne pas parler - écouter)
— _____ ! _____ !
— Mais nous n'entendons rien ! Parlez plus fort, s'il vous plaît !

2. Un professeur de gymnastique (souffler - respirer)
— _____ ! _____ !
— Ouf, c'est dur !

3. Un photographe à une petite fille (regarder - ne pas bouger)
— _____ vers moi ! _____ !
— Je fais aussi un sourire ?

4. Un employé de musée (ne pas toucher - reculer)
— _____ les tableaux ! _____ !
— Excusez-moi !

5. Un dentiste à un enfant (ouvrir - montrer)
— _____ la bouche ! _____ tes dents !
— Aie, j'ai mal !

6 *Écoutez puis écrivez les messages des répondeurs téléphoniques et dites pourquoi on les a laissés.*

Exemple : Bonjour, docteur Grange à l'appareil, veuillez m'appeler avant 13 h au 05 50 48 56 78 pour prendre un rendez-vous pour demain.

	Message	Pourquoi
1.	appeler le docteur Grange avant 13h	prendre un RDV pour demain
2.		
3.		
4.		
5.		

Donner un conseil / interdire

7 *Regardez les documents et cochez le conseil donné.*

devoir
Je dois [dwa]
Tu dois
Il /elle doit [dwa]
Nous devons
Vous devez
Ils/elles doivent [dwav]

> Tu devrais acheter des vêtements à la mode !

> Il faut retourner au cinéma, ça fait plaisir !

a

b

GRANDES LIGNES

J 30 DÉCOUVERTE

Achetez vos billets à l'avance ! c'est moins cher !

SNCF GRANDES LIGNES

c

a. ☐ Le monsieur doit rester chez lui.
☐ Il doit aller au cinéma.

b. ☐ La fille doit s'habiller à la mode.
☐ La fille doit s'habiller en rouge.

c. ☐ La SNCF conseille d'acheter ses billets à l'avance pour gagner du temps.
☐ La SNCF conseille d'acheter ses billets à l'avance pour gagner de l'argent.

Donner un conseil	**Interdire**
A. Un verbe à l'impératif affirmatif → **Soyez** attentif !	**A. Un verbe à l'impératif négatif** → **Ne faites pas** cela !
B. Il faut / Il faudrait + un verbe à l'infinitif → **Il faut** prendre une veste. **Il faudrait** partir maintenant !	**B. Il ne faut pas** + un verbe à l'infinitif → **Il ne faut pas** être en retard !
C. Tu devrais / vous devriez + verbe à l'infinitif → **Tu devrais** écouter en classe ! **Vous devriez** téléphoner à Marianne !	**C. Tu ne dois pas / vous ne devez pas** + un verbe à l'infinitif → **Tu ne dois pas** venir chez Luc ! **Vous ne devez pas** partir en train !

8 *Complétez ces dialogues avec "il faut", "il ne faut pas", l'impératif affirmatif ou négatif ou le verbe "devoir". Vous pouvez choisir librement une forme ou une autre.*

1. — Dis Claude, à Cannes, il fait chaud en été ?
— Oui, _____ (ne pas aller) à Cannes en été mais au printemps !

2. — J'ai besoin d'argent !
— Attention, Madame Masson, _____ (ne pas aller) au casino !

3. — J'aime trop le chocolat !
— Mais c'est très bien Laurent ! _____ (manger) du chocolat parce qu'il y a du magnésium !

4. — Je suis en retard !
— _____ (prendre) le métro, madame !

5. — Nous cherchons du travail.
— _____ (acheter) le journal pour lire les petites annonces !

9 *Que dit-on dans ces situations ?*

1. L'avion décolle, l'hôtesse dit :
- ☐ Ouvrez la fenêtre !
- ☐ Attachez vos ceintures !
- ☐ Détachez vos ceintures !

2. Dans un magasin, vous avez fait peu d'achats. Il y a une annonce :
- ☐ Allez à l'entrée !
- ☐ Si vous avez un ou deux articles, payez à la caisse n°3.
- ☐ Attendez à la sortie !

3. À la poste, vous devez envoyer une lettre, l'employé vous dit :
- ☐ Allez au guichet n°6.
- ☐ Veuillez attendre, il n'y a plus de place !
- ☐ Ne parlez pas aux employés.

4. Sur le répondeur téléphonique, le message annonce :
- ☐ Ne raccrochez pas tout de suite !
- ☐ Veuillez refaire le numéro, vous vous êtes trompé !
- ☐ Veuillez laisser un message après le bip sonore !

5. Vous faites un exercice en classe. Le professeur dit :
- ☐ J'ai 35 ans aujourd'hui.
- ☐ Regardez ces documents et répondez aux questions.
- ☐ Donnez votre adresse au secrétariat.

> **payer**
> je paie   [pɛ]
> tu paies
> il paie
> nous payons   [pejɔ̃]
> vous payez
> ils paient   [pɛ]

10 *Donnez des conseils ou interdisez des choses à ces personnes suivantes en utilisant les expressions indiquées.*

Exemple : à une amie qui est nerveuse :
→ Marche beaucoup, ne bois pas dix cafés !
Il faut marcher beaucoup, il ne faut pas boire dix cafés !
Tu dois marcher beaucoup, tu ne dois pas boire dix cafés !

1. à un camarade de classe qui passe un examen oral :

2. à des amis qui partent au Sahara :

3. à votre frère qui est trop gros :

4. à une amie qui est triste :

Être calme, marcher beaucoup, aller au cinéma, boire beaucoup, parler vite, penser aux vacances, prendre des lunettes de soleil, aller dans les pâtisseries, acheter un chapeau, boire dix cafés, faire de la gymnastique, emporter un appareil-photo, voir des amis, étudier, manger de la salade, rester seul(e)...

11 Regardez le plan ci-dessous et le ticket de caisse de Mme Berthier.
A. Écoutez, puis cochez sur le plan tous les rayons où la cliente doit aller.

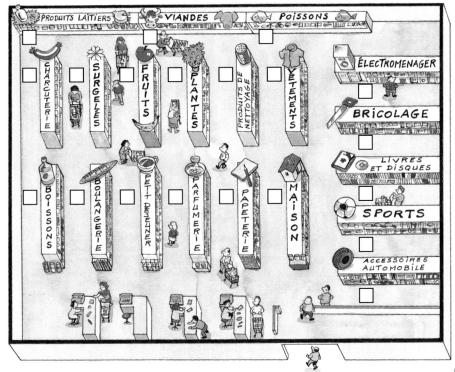

Lexique
l'électroménager
le bricolage
les accessoires automobile
la boulangerie
la charcuterie
les boissons

Hypermarché
Des Bois Beaumont
Tel. 04 73 26 56 64
Jeudi 8 mars 2002

eau minérale	18.80 F	2.87 €
pain		
céréales	12.30 F	1.88 €
cahier	7.20 F	1.10 €
fleurs	85.9 0 F	13.10 €
Pull	99.9 0 F	15.23 €
Pizza	34.50 F	5.26 €
poisson		
beurre		
lait	12.70 F	1.94 €
déodorant	25.70 F	3.92 €
S/Total	34.70 F	5.29 €
Espèces		
Rendu	500 F	76.23 €

MERCI DE VOTRE VISITE

B. Réécoutez l'enregistrement puis complétez le ticket de caisse.

Savoir se repérer

12 A. A l'aide du plan de l'exercice 11, dites comment Mme Berthier fait pour aller aux rayons où elle désire aller. Elle est à l'entrée du magasin.

> **Exemple :** Pour acheter un livre, elle tourne à gauche et après quatre rayons, elle est au rayon papeterie.

B. Formulez les phrases dites par madame Berthier pour connaître l'emplacement des rayons qu'elle cherche en tenant compte de sa liste de courses. Aidez-vous des expressions ci-contre.

> **Exemple :** Excusez-moi, pour aller au rayon papeterie ?

Continuez **tout droit**

Tournez à gauche, à droite

Allez **au bout** de l'allée

C'est **entre** le rayon boulangerie et le rayon parfumerie

Voilà, c'est **devant** le rayon papeterie

Allez **derrière** le rayon vêtements

C'est **en face du** rayon sports

C'est **à côté du** rayon fruits

Les sacs plastiques sont **au coin des** caisses

Va **au fond du** magasin

13 *Mme Berthier est au rayon électroménager. Elle demande son chemin à un employé du magasin. Que lui répond-il ?*

> **Exemple :** Pour aller au rayon surgelés, continuez tout droit. Sur votre gauche, vous trouvez le rayon surgelés.

Elle veut aller :

1. au rayon boissons
2. à la parfumerie
3. au rayon produits laitiers
4. aux caisses
5. au rayon charcuterie

14 *A l'aide du plan de Paris, laissez un petit message écrit à un(e) ami(e) pour vous retrouver aux Galeries Lafayette.*

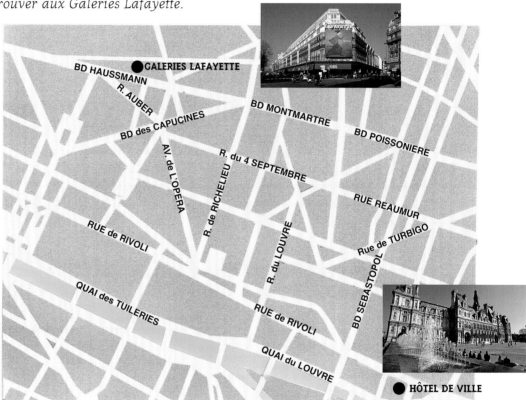

> **vouloir**
> je veux [vø]
> tu veux
> il/elle/on veut
> nous voulons [vulɔ̃]
> vous voulez
> ils /elles veulent [vœl]

> Salut,
> Ça te dit d'aller faire des courses avec moi, samedi prochain, aux Galeries Lafayette à Haussman ? Je t'explique comment venir à pied. Tu habites rue de Rivoli prés de l'Hôtel de Ville, alors c'est facile.
> Va...
> ....
> ....
> ....
> ....
> Voilà, tu es aux Galeries Lafayette !
> A samedi, à 16 heures, j'espère !
> Je t'embrasse !
> Anne Claire

Les adjectifs démonstratifs

15 *Observez le tableau et complétez-le avec des adjectifs démonstratifs, à partir des post-it, des cartes postales et de la publicité ci-dessous.*

> Je te laisse ces cartes à envoyer. Merci !

> Maman,
> Cette fois, je vais en ville avec Nadine.
> Je rentre à 20H.

> Nous voilà en Bourgogne, on boit un vin excellent. Ce vin est trop bon !
>
> M. Durand
> 14 rue Blomet
> 75015 PARIS

> Je suis au Chili. Ce pays est magnifique !

> Papa
> Je range ces livres après ma leçon de piano !

> Cet automne, redécouvrez l'été
> **Costa** CROISIERES

connaître
je connais [conɛ]
tu connais
il/elle/on connaît
nous connaissons
vous connaissez
ils/elles connaissent

Les adjectifs démonstratifs

	MASCULIN	FÉMININ
SINGULIER	**ce / cet**	**cette**
	_____ pays	_____ fois
	_____ vin	
	_____ automne	
PLURIEL	**ces**	**ces**
	ces livres	_____ cartes

(!) Devant un nom masculin qui commence par une voyelle ou un "h" muet, on emploie **cet** [sɛt] :
→ **cet** immeuble   **cet** homme

16 *Faites des phrases en utilisant la liste des noms mis dans le désordre. Vous avez plusieurs possibilités.*

Exemple : Elle est belle
→ Elle est belle, cette fille !

1. Il est grand
2. Ils ne sont pas bons
3. Il exagère
4. J'adore
5. Il est riche
6. Elles sont rapides
7. Elle est étonnante

industriel
garçon
éléphant
lunettes
femme
gâteaux
voitures

17 Complétez ces dialogues avec des adjectifs démonstratifs.

1. Au bar
— Il est excellent, _____ apéritif !
— Ah, non, je ne trouve pas. Je n'aime pas _____ boisson !

2. A la poste
— Elle marche _____ cabine téléphonique ?
— Non, _____ appareil est cassé.

3. Au concert
— Oh, _____ chansons ! Elles sont merveilleuses !
— Oui, mais _____ bruit est trop fort !

4. Au restaurant
— Alors, _____ plat de pâtes ?
— Il arrive !

5. Au bureau
— _____ numéros sont toujours occupés !
— Essaie _____ numéro vert !

Grammaire
il y a

18 Observez les deux dessins et trouvez les sept détails différents. Pour vous aider, voici une liste de mots : une chaise, une table, une lampe, un divan, une fenêtre, un lampadaire, un tapis, des rideaux, un coussin, un vase...

> **Exemple :** Dans le dessin n°1, il y a une chaise.
> Dans le dessin n°2, il n'y a pas de chaises.

il y a
il n'y a pas de... / il n'y a plus de...

1. Il y a est toujours au singulier.

→ Il y a un spectacle intéressant.
Il y a des hôtels chers.

2. A la forme négative , on emploie **il n'y a pas/plus de ....**

→ Il y a un problème.
Il n'y a pas de problèmes.
Il y a des touristes à Paris.
Il n'y a plus de touristes.

🛇 il y a **la mer.**
il n'y a pas **la mer.**

19 Dites ce qu'il y a ou ce qu'il n'y a pas dans votre ville ou votre pays en vous aidant du lexique indiqué.

> **Exemple :** Dans ma ville, il y a la mer mais il n'y a pas de musée.

> une mosquée - une église - un musée - un jardin public - des fleurs - des arbres - des magasins - des cinémas - une pyramide - la montagne - le désert...

les magasins et les marchés

 20 *Écoutez puis associez les phrases entendues avec ces documents.*

On n'est jamais loin des prix bas

29 Hypermarchés en Ile-de-France

36.15
2,23 F/mn

Avec Carrefour je positive! **Carrefour**

a

b

SORTIE SANS ACHATS

c

PAPETERIE

d

HEURES D'OUVERTURE
9H à 12H
14H à 19H
FERMÉ LE DIMANCHE
ET LE LUNDI MATIN

e

f

g

Document	a	b	c	d	e	f	g
Phrase							

21 *Lisez l'encadré "Magasins et marchés" puis corrigez ces affirmations si nécessaire.*

Magasins et marchés

Les horaires des magasins varient : dans les grandes villes, les magasins sont ouverts sans interruption, en général de 9h30 à 19h, et dans les petites villes de 9h à 12h et de 14h à 19h. Certains magasins à Paris font des nocturnes. Les commerces d'alimentation sont ouverts le dimanche matin.

Il existe **différents types de magasins** : les grands magasins (Les Galeries Lafayettes, Monoprix...), les petits commerces (boulangerie, boucherie, crémerie...) et les hypermarchés dans la banlieue des villes (Carrefour, Leclerc...).

Les marchés sont ouverts le matin, souvent le dimanche, et proposent les produits de la région.

1. Les magasins français sont ouverts toute la journée.
2. Les horaires sont différents dans les grandes villes et dans les petites villes.
3. On trouve des hypermarchés dans le centre des villes.
4. Les marchés sont ouverts seulement l'après-midi.
5. Le dimanche, tous les magasins sont fermés.

Phonétique
la finale des mots

22 *Écoutez les phrases suivantes et barrez les lettres finales qui ne se prononcent pas.*

Exemple : Bonjour monsieur, ici l'hôtel Denis !

1. Comment allez-vous ?
2. Je suis désolé, votre chambre n'est pas prête.
3. Le prix est de trois francs.
4. Tu parles trop.
5. Il faut venir à Paris.

6. Il y a trop de monde.
7. Au nord, il pleut.
8. J'ai mon sac noir avec moi.
9. C'est un enfant vif.
10. Apprenez les verbes "aller" et "manger".

23 *Répondez par "vrai", "faux", "cela dépend" aux affirmations suivantes puis regardez le tableau ci-dessous.*

	vrai	faux	cela dépend
1. Le "e" final ne se prononce pas et le "é" final se prononce.	☐	☐	☐
2. Le "r" final se prononce.	☐	☐	☐
3. Le "c" et le "l" final ne se prononcent pas.	☐	☐	☐
4. Le "f" final se prononce.	☐	☐	☐
5. Le "x", le "s" et le "p" final se prononcent.	☐	☐	☐
6. Le "t", le "d" final ne se prononcent pas.	☐	☐	☐

La finale des mots

En général, **è, c, f,** et **l** se prononcent :
→ l'été, le sac, actif, le ciel.

En général, **d, p, s, t, x** et **z** ne
se prononcent pas :
→ chante, cela dépend, beaucoup, le temps, tout, les bijoux.

r se prononce ou ne se prononce pas selon les cas :
→ dernier, la mer.

Unité 2
Au restaurant

Lexique
le bruit - la cuisine - la boisson
la formule - le menu - l'addition

 1 *Indiquez, à côté de chaque table du restaurant, le numéro du dialogue correspondant.*

2 *Soulignez, sur ce menu, les commandes que le garçon du restaurant passe à la cuisine.*

LES ENTRÉES

melon ....18 F

salade printanière .....23 F

oeuf mayonnaise ....13 F

assiette de charcuterie 29F

LES BOISSONS

Perrier .... 14 F

Vittel .... 14 F

Coca-cola .... 14 F

Jus de fruit ....16 F

LES PLATS

steak frites ....48 F

poulet basquaise ... 53 F

sole meunière ....66 F

PLAT DU JOUR   45 F

sauté de veau - purée

LES DESSERTS

crème caramel ....20 F

tarte aux pommes ...18 F

salade de fruits ......18 F

glace 1 parfum   12 F

2 parfums   16 F

(chocolat - fraise - vanille)

(noisette)

Grammaire
les partitifs

3 *Regardez le tableau des articles partitifs et complétez la liste ci-dessous avec ces extraits des dialogues de l'exercice 1.*

— Je voudrais un verre de vin rouge.

— Pour nous, juste de l'eau.

— Pour moi, un grand coca.

— Une tarte aux pommes, s'il vous plaît.

— Il y a du bruit ici.

— Il y a une erreur dans l'addition.

je compte :
un verre de vin rouge

....

....

....

je ne compte pas :
de la salade

....

....

— J'aimerais de la purée...

— Je prends de la salade.

Les articles partitifs

Du et **de la** (**de l'**) sont des articles partitifs : ils indiquent une partie d'un ensemble.

Voulez-vous **du** café (la quantité n'est pas précisée)?

 Voulez-vous **un** café (la quantité est précisée : une tasse)?

(!) À la forme négative, **du** et **de la** (**de l'**) → **de** :
Je mange **de la** viande → Je ne mange pas **de** viande.

4 *Formez des phrases selon le modèle.*

Exemple : Anne fait du vélo, mais elle ne fait pas de ski.

Anne

ⓐ Pascaline

ⓑ Karine

faire
je fais [fɛ]
tu fais
il fait
nous faisons [fəzɔ̃]
vous faites
ils font [fɔ̃]

ⓒ Frédéric

du sport
du ski
du vélo
de la natation
faire de la gymnastique
du patinage
du cheval
de l'athlétisme
de l'aérobic

5 *Par groupes de deux ou trois, préparez des dialogues en vous inspirant des deux dessins.*

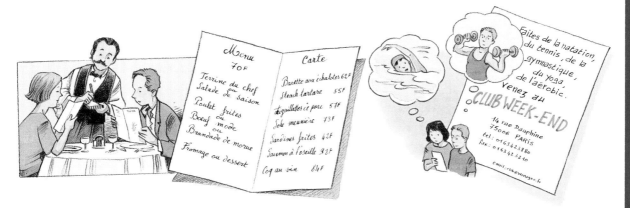

Communication

exprimer la quantité

6 *Deux objets manquent sur la table : lesquels ?*

un verre de jus de fruit – un paquet de café
une bouteille d'eau – une boîte de thon
un morceau de viande – une coupe de glace
un sachet de thé – une part de gâteau

7 *Chassez l'intrus.*

Exemple : Une tasse de
a. thé   b. café   c. ~~beurre~~

1. Une bouteille de
   a. farine   b. vin   c. bière
2. Une part de
   a. lait   b. tarte   c. gâteau
3. Un morceau de
   a. jambon   b. viande   c. eau

4. Un paquet de
   a. sucre   b. beurre   c. coca
5. Une assiette de
   a. frites   b. salade   c. vin
6. Un kilo de
   a. fromage   b. café   c. orangina

8 *A partir des exercices 6 et 7, complétez le tableau des expressions de quantité déterminée.*

Exprimer la quantité déterminée

Tu veux **une tasse de café**
Achète **une bouteille de lait.**
Je voudrais **une assiette de crudités.**

Pour moi, **200 grammes de jambon.**
S'il vous plaît, **6 mètre (m) de tissu.**

1 kilo (k) de **viande.**
3 litres (l) **d'orangina.**

9 *Écoutez, puis complétez la liste des ingrédients pour la crème pâtissière, le quatre-quarts aux pommes, et la mousse au chocolat.*

1. La crème pâtissière
.... sucre
.... farine
.... lait
.... oeufs
.... sachet de vanille

2. Le quatre-quarts
.... pommes
.... sucre
.... oeufs
.... farine
.... beurre

3. La mousse au chocolat
.... plaques de chocolat amer
.... beurre
.... oeufs
.... verre de sucre
.... orange

10 *Donnez à vos amis français, à l'aide des expressions de quantité, la liste des ingrédients nécessaires pour préparer un plat typique de votre pays (exemple : la paella, le couscous, le strudel, le pouding...). Vous pouvez vous aider d'un dictionnaire.*

11 *Regardez le tableau des expressions de quantité indéterminée et indiquez, dans le dessin, le nom des deux collègues sur la base des indications données*

1. Pierre Delmont a peu de feuilles
2. Vincent Defferre a beaucoup d'idées

Les expressions de quantité indéterminée

beaucoup de (d')
peu de (d')

Jérôme est sportif, il fait **beaucoup de** gym.

Il est triste, il a **peu d'**amis de son âge.

12 *Cochez la légende de chaque dessin.*

☐ Il a peu de livres.
☐ Il a beaucoup de livres.

☐ J'ai beaucoup d'argent, j'achète les trois derniers CD de Céline Dion.
☐ Regarde, je n'ai pas d'argent, je ne peux pas acheter de CD de Céline Dion.

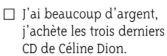

☐ Il y a beaucoup de vent, je rentre à la maison!
☐ Il y a peu de vent, je rentre à la maison !

☐ Il reste un peu de glace.
☐ Il y a beaucoup de glace.

13 Écoutez ces phrases. En cochant la case correspondante, dites si ces personnes demandent le prix, donnent le prix, protestent pour le prix ou s'excusent.

	Exemple	1	2	3	4	5	6	7
demander le prix	X							
donner le prix								
protester pour le prix								
s'excuser								

Demander le prix

Je voudrais un paquet de café, **c'est combien** ?
Ça fait combien ?
Je veux une salade, **combien ça coûte** ?
Quel est le prix du journal ?

Donner le prix

C'est 30 francs
Cela fait 105 euros
Ça coûte 400 francs
Vous me devez 1000 francs !
30 F, s'il vous plaît !

Protester pour le prix

Oh, non, **c'est trop cher !**
Il y a une erreur !
Je ne suis pas d'accord !
Cela ne fait pas du tout 77 francs.

S'excuser

Pardon, monsieur !
Excusez-moi !
Je suis désolé(e), je me suis trompé(e) !

14 Pour chaque situation, cochez la réplique qui convient.

Exemple : Au bar, le serveur donne l'addition.
☐ C'est combien ?
☒ Au total, ça fait 47 euros !
☐ Je suis désolé !

1. À la boulangerie, la cliente demande le prix d'un gâteau.
☐ Oh non, je ne suis pas d'accord, c'est trop cher !
☐ C'est combien cette tarte aux pommes ?
☐ Je voudrais une tarte aux pommes !

2. Au restaurant, le client proteste pour l'addition.
☐ Je suis désolé, vous vous êtes trompé, cela fait 68 euros !
☐ Je me suis trompé, c'est 85 euros !
☐ C'est combien ?

3. À la banque, l'employé s'excuse de son erreur.
☐ Je ne suis pas d'accord !
☐ Combien ça coûte ?
☐ Excusez-moi, je suis désolé, je vous dois encore 100 euros !

4. À la gare, le client demande le prix du billet.
☐ Je suis désolé, je me suis trompé.
☐ C'est combien, monsieur ?
☐ Cela fait 53 euros.

5. Dans un magasin, la cliente proteste pour le prix.
☐ Oh non, c'est trop cher !
☐ Vous me devez 38 euros.
☐ Je voudrais connaître le prix de ce pull-over.

15 *Imaginez les dialogues des personnages de ces deux vignettes en vous aidant des expressions de l'exercice 13.*

Grammaire

l'interrogation (2)

16 *Après avoir observé le tableau ci-dessous, écoutez les questions puis complétez la grille.*

L'interrogation (2)			
	langue standard		**langue soutenue** (à l'écrit surtout)
où **comment** **pourquoi** **quand**	tu déjeunes **quand** ?	**quand est-ce que** tu déjeunes ?	**quand** déjeunez-vous ?
	tu déjeunes **où** ?	**où est-ce que** tu déjeunes ?	**où** déjeunez-vous ?
qui	tu invites **qui** ?	**qui est-ce que** tu invites ?	**qui** invitez-vous ?
que /qu' /quoi	tu prends **quoi** comme dessert ?	**qu'est-ce que** tu prends comme dessert ?	**que** prenez-vous comme dessert ?
combien	ça coûte **combien** ?	**combien est-ce que** ça coûte ?	**combien** cela coûte-t-il ?

	langue standard	langue soutenue
exemple	X	
1		
2		
3		
4		
5		
6		
7		

prendre
je prends [pʀɑ̃]
tu prends
il/elle/on prend
nous prenons [pʀənɔ̃]
vous prenez
ils/elles prennent [pʀɛn]

17 *Soulignez dans chaque question l'expression de l'interrogation, puis choisissez la bonne réponse.*

Exemple : <u>Combien</u> coûte le voyage Paris-Tours en TGV ?
- [ ] Oh non, merci.
- [X] 40 euros, je pense.

1. Comment il arrive d'Oslo, en voiture ?
   - [ ] Non, sa femme ne vient pas.
   - [ ] En avion.
2. Qu'est-ce qu'il pense de ce film ?
   - [ ] Oh, il le déteste.
   - [ ] Oui, bien sûr.
3. Qui est cette dame ?
   - [ ] C'est sa mère.
   - [ ] Non, elle ne vient pas.
4. C'est quoi un TGV ?
   - [ ] Je pense que tu as raison.
   - [ ] C'est un train rapide.

5. Combien est-ce, monsieur ?
   - [ ] 600 francs.
   - [ ] Oh, merci, madame.
6. Pourquoi il n'est jamais à l'heure ?
   - [ ] Parce qu'il doit venir.
   - [ ] Parce qu'il ne regarde jamais sa montre.
7. Est-ce que Thierry téléphone à sa mère quand il arrive ?
   - [ ] Je pense que oui.
   - [ ] Non, merci.
8. Où travaille ton mari ?
   - [ ] Il n'est pas très gentil.
   - [ ] Dans une banque.

18 *Regardez l'encadré et complétez les questions avec "combien" et "combien de".*

Combien / combien de

Ne confondez pas **"combien"** + verbe avec **"combien de"** + nom :
→ **Combien** coûte ta voiture ?
Combien de livres tu achètes ?

---

1. — _____ jours vous restez ?
   — Un ou deux, je pense.
2. — _____ gagne ton mari ?
   — Oh, je ne sais pas.
3. — Oscar a _____ motos ?
   — Une, je crois.
4. — Il mesure _____ ?
   — 1 mètre 80.

19 *Vous êtes à Paris. Vous avez un ami français qui habite Strasbourg et vous savez qu'il pense venir à Paris pendant votre séjour. Complétez la carte postale que vous lui envoyez dès votre arrivée.*

PARIS , Place du Tertre

Cher Paul,

Ouf, je suis à Paris ! _____ est-ce que tu arrives ? Tu viens _____, en train ou en avion ? _____ jours tu penses rester à Paris ? Tu peux téléphoner à l'hôtel. Le numéro est le 01 54 41 31 16.

Je t'embrasse.

Giulia

P.S : _____ est-ce que tu penses de mon français écrit ???

20 *Par groupes de deux, jouez ces deux dialogues.*

1. Votre ami Jérôme va à New York pour ses vacances d'été. Posez-lui toutes les questions possibles sur son voyage.
2. Votre chef vous demande d'organiser une réception au bureau. Posez-lui toutes les questions nécessaires pour l'organisation de la fête.

la restauration en France

21 *Attribuez à chaque photo la définition correspondante.*

photos	a	b	c	d	e
définitions					

1. **Le café**
   Dans un café, le client déguste son croissant ou un sandwich au comptoir, assis à une table dans la salle ou en terrasse.
2. **Le fast food**
   La France compte 430 restaurants McDonald's.
3. **Le restaurant**
   Le restaurant offre, en général, deux formules : le menu à la carte ou le menu à prix fixe.
4. **La brasserie**
   Dans une brasserie, le client peut manger un plat, boire une bière ou commander un plateau de fruits de mer.
5. **Le stand de crêpes**
   Le service est rapide, le client assiste à la préparation des crêpes, et surtout c'est bon et ce n'est vraiment pas cher.

22 *Écoutez ces dialogues et dites où se trouvent les personnes qui parlent.*

	café	fast food	restaurant	brasserie	stand de crêpes
exemple	**X**				
1					
2					
3					
4					
5					

Phonétique
les sons [ə] / [e]

23 *Écoutez ces mots et complétez le tableau.*

1. café
2. semaine
3. télévision
4. cinéma
5. de
6. les
7. parler
8. le
9. redire
10. cité

[ə]	[e]
semaine	café

24 *Écoutez et complétez avec "e" ou "é".*

Exemple : J'aime le th<u>é</u>.

1. J'écout... la musique.
2. Il y a un ...tudiant ...tranger.
3. J... fais un expos... d... français.
4. C'est la v...rit...
5. Elle r...gard... la t...l...vision.

25 *Écoutez et complétez avec "le", "les", "ce" et "ces".*

Exemple : <u>Le</u> livre de Thierry est sur la table.

1. _____ familles habitent à Lyon.
2. _____ photos de mon père sont belles.
3. _____ monsieur est sympathique.
4. Prends _____ bouteilles de champagne.
5. _____ ciel est bleu.

26 *Lisez les phrases suivantes.*

1. Tu as le téléphone de Paul ?
2. Je peux avoir des crudités ?
3. Elle habite à Lille.
4. Je veux parler à Pierre.
5. Le livre de français est très bien.
6. Pourquoi vous ne venez pas au cinéma ?

Unité 3
À la banque

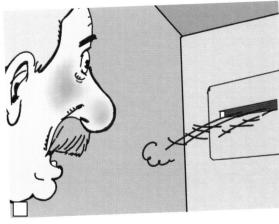

 Écoutez le dialogue et remettez les vignettes dans l'ordre chronologique.

2 *Écoutez le dialogue et barrez les deux informations inexactes.*

1. Monsieur Sulac parle avec une employée de la banque.
2. M. Sulac veut téléphoner au directeur de la banque.
3. M. Sulac n'est pas sûr de la date.
4. Le frère de M. Sulac habite Lille.
5. Le frère de M. Sulac a envoyé de l'argent à M. Sulac.

Lexique
le distributeur automatique de billets
retirer de l'argent
insérer la carte
à l'intérieur
le compte
le virement
verser de l'argent
les recherches

Grammaire
le passé composé

3 *Lisez cet extrait du dialogue de l'exercice 2 et complétez le tableau du passé composé. Les verbes soulignés sont au passé composé.*

— Bonjour, Monsieur Sulac, ça va ?
— Non, pas du tout, je suis furieux contre votre banque.
— Qu'est-ce qu'il y a, monsieur ?
— Il y a que ce matin, j'ai regardé les lettres de la banque et je n'ai pas trouvé l'avis d'un virement. Vous savez, mon frère Charles est allé dans une banque de Strasbourg et il a envoyé 4000 francs sur mon compte.

Le passé composé

1. Le passé composé se forme avec   le présent   ☐ du verbe être   ☐ du verbe avoir   ☐ du verbe être ou du verbe avoir   + le participe passé du verbe principal.

→ Il **a trouvé** son livre. Puis il est parti à la faculté.

2. Pour former le participe passé des verbes en **er** (trouv**er**), il faut remplacer la terminaison de l'infinitif, **er** par **é**.
trouv**er** → _____

3. On utilise le verbe **être** avec : _____ , arriver, entrer, monter, passer, rester, retourner, tomber, descendre, mourir, naître, _____ et venir.

(!) 1. Avec **être**, le participe passé s'accorde avec le sujet.
→ Il est arriv**é**, elle est retourn**ée**, ils sont tomb**és**, elles sont entr**ées**.
Mon père est all**é** à Madrid en avion, mais ma mère est part**ie** en train parce qu'elle déteste l'avion.
2. Avec **avoir**, en général, le participe passé ne s'accorde pas.
→ Elles ont mang**é** au restaurant chinois.

Le passé composé à la forme négative
Aujourd'hui, je suis allé à la banque. → Aujourd'hui, **je ne suis pas allé** à la banque.
Nous avons téléphoné à Charles. → Nous **n'avons pas téléphoné** à Charles

4 *Cochez la phrase entendue.*

1. ☐ Je regarde un livre.
   ☐ J'ai regardé un livre.
2. ☐ Je vais à la gare.
   ☐ J'ai vu la gare.
3. ☐ Je finis de parler au téléphone.
   ☐ J'ai fini de parler au téléphone.
4. ☐ Je connais cet homme.
   ☐ J'ai connu cet homme.

5. ☐ Je dis que oui.
   ☐ J'ai dit que oui.
6. ☐ J'aime ce disque.
   ☐ J'ai aimé ce disque.
7. ☐ Je fais ce travail.
   ☐ J'ai fait ce travail.

voir	
je vois	[vwa]
tu vois	
il/elle/on voit	
nous voyons	[vwajɔ̃]
vous voyez	
ils/elles voient	[vwa]
passé composé : j'ai vu	

 5 *Écoutez l'enregistrement et remettez dans l'ordre l'histoire de Zinedine Zidane en complétant la grille. Puis, soulignez les verbes au passé composé.*

1. À 14 ans, il a demandé l'accord de son père et il est allé en France, à Cannes.
2. Mais en juillet 1998, il a joué avec l'équipe nationale française et,
3. Zinedine Zidane a commencé à jouer au football à 12 ans, en Kabylie, avec l'équipe de la "Foresta".
4. En France, il est entré dans l'équipe nationale.
5. et Zidane est devenu joueur de cette équipe.
6. grâce à ses deux magnifiques buts contre le Brésil, la France a eu l'immense joie de devenir championne du monde de football.
7. En juin 1996, l'équipe italienne de la Juventus de Turin a payé plus de trente millions de francs français

Quelques participes passés		
avoir	→	eu
être	→	été
devenir	→	devenu
faire	→	fait
dire	→	dit
vouloir	→	voulu
prendre	→	pris
pouvoir	→	pu
devoir	→	dû

3						

6 *Racontez au passé composé la journée de Jacques Guillarme, photographe.*

Je commence ma journée de travail à 10 heures : je pars à l'agence de publicité, je discute avec mes copains et je regarde les futures campagnes publicitaires. Les directeurs arrivent à 12 heures et les premiers mannequins à 14 heures. A 16 heures, je vais avec mon ami Charles au café. Après le café, nous regardons un peu les titres des journaux au kiosque et ensuite nous retournons à l'agence. A la fin de la journée, je téléphone au bureau de ma petite amie et nous fixons l'heure du dîner.

Hier, j'ai commencé ....

....

....

....

marquer les étapes d'une action

Écoutez le dialogue et complétez le curriculum vitae de Sébastien Larousse.

CURRICULUM VITAE

Nom : Larousse
Prénom : Sébastien
Lieu et date de naissance :
Limoges, le 22 janvier 1975

Juin 1996 :

Diplôme supérieur :   Maîtrise en Sciences de la Communication,
Université de Strasbourg

1996-1997 :

- Londres : ....
- Bristol : ....

Octobre-Décembre 1997 :

- Limoges : ....

Langues : ....

Marquer les étapes d'une action

1. Pour raconter des événements selon un ordre chronologique :
D'abord, pour commencer…
Ensuite, puis, alors, après…
Pour finir, enfin…

2. Pour préciser le temps d'une action passée :
hier matin/après-midi/soir, ce matin, la semaine/l'année dernière, lundi dernier, en mars dernier, l'automne/été/hiver dernier, au printemps dernier.

→ **Hier matin, d'abord**, je suis allé au supermarché, **ensuite**, j'ai fait une promenade au centre-ville **et, pour finir**, j'ai déjeuné avec une amie.

---

les jours de la semaine
lundi, mardi, mercredi, jeudi, vendredi, samedi, dimanche.

les mois de l'année
janvier, février, mars, avril, mai, juin, juillet, août, septembre, octobre, novembre, décembre.
→ **En** janvier…

les saisons
le printemps, l'été, l'automne, l'hiver.
→ **Au** printemps, **en** été, **en** automne, **en** hiver.

---

8 *Racontez la semaine dernière de Paule Nevers, interprète free lance, en formant des phrases au passé composé et en utilisant les expressions du tableau "Marquer les étapes d'une action", sur le modèle de l'exemple.*

Exemple : Lundi matin, je suis allée à Lyon où j'ai d'abord participé à une réunion avec la délégation belge. Ensuite, j'ai fait un tour en ville et, pour finir, le soir, j'ai pris le train pour Paris.

9 *Racontez à votre voisin, en utilisant le passé composé :*

1. vos vacances de l'été dernier,
2. votre dernier week-end,
3. ce que vous avez fait pour vous inscrire à votre école de langue.

Communication

protester / réclamer

10 *Dites qui prononce chacune de ces phrases.*

Exemple : Mais c'est incroyable, j'avais rendez-vous avec le docteur et vous me dites qu'il n'est pas là !
☒ un patient dans un cabinet médical
☐ le client d'un bureau de poste

1. La vie augmente et les salaires diminuent, c'est inadmissible !
   ☐ le responsable d'une entreprise
   ☐ un salarié

2. Il y a une erreur sur mon relevé, je voudrais voir le directeur, s'il vous plaît !
   ☐ le client d'une banque
   ☐ le client d'une agence de voyages

3. C'est pas vrai, Jacques, tu es encore en retard !
   ☐ une femme à son mari
   ☐ le directeur à son employé, Jacques Duteiller

4. C'est scandaleux, la commission a encore augmenté !
   ☐ Un touriste qui a changé de l'argent et qui est mécontent
   ☐ Le réceptionniste d'un hôtel complet

5. Je vous demande de m'indiquer le solde de mon compte et vous me dites que les ordinateurs sont en panne, je ne peux pas l'accepter !
   ☐ un informaticien
   ☐ un client mécontent

Protester / Réclamer	
C'est inadmissible !	
C'est insupportable !	
C'est incroyable !	**!!!**
C'est scandaleux !	
C'est inacceptable !	
Ce n'est (c'est) pas vrai !	
Ce n'est (c'est) pas juste !	**!!**
Voulez-vous appeler le directeur, s'il vous plaît ?	**!**

11 *Par groupes de deux, créez des dialogues à partir de ces canevas en utilisant les expressions du tableau "Protester / Réclamer" et jouez-les devant la classe.*

1. Anne attend Bernard une heure à un rendez-vous, place de la Mairie. Bernard arrive et explique les raisons de son retard. Anne est mécontente et proteste.

2. M. Renard, un client, réclame au bureau de poste parce que le télégramme qu'il a envoyé hier en Angleterre n'est pas encore arrivé. Mme Blanche, employée de la poste, lui explique qu'il y a des problèmes dans les services postaux en ce moment, mais M. Renard n'est pas content et demande à voir le directeur.

3. Les voitures de M. Dumas et Mme Roger ont un accident. Mme Roger n'a pas respecté le stop. Elle a oublié ses lunettes à la maison. M. Dumas n'est pas content et proteste avec force.

exprimer l'heure

12 Écoutez les phrases et soulignez, dans le tableau, les heures évoquées.

L'heure

– **Quelle heure est-il ?**
– **Il est dix heures dix.**

	langage courant	horaire officiel
10h15	dix heures et quart	dix heures quinze
8h30	huit heures et demie	huit heures trente
10h45	onze heures moins le quart	dix heures quarante-cinq
12h	midi	douze heures
14h10	deux heures dix	quatorze heures dix
23h50	minuit moins dix	vingt-trois heures cinquante
00h00	minuit	zéro heure

Il est tôt/tard.
Elle est en avance/à l'heure/en retard.

13 Écoutez l'enregistrement et complétez la page des programmes de télévision avec les horaires indiqués.

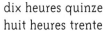

France 2

_____Cousteau. _____Télématin. _____Amoureusement vôtre. _____Amour, gloire et beauté. _____Donkey Kong. _____Flash info. _____Motus. _____Les Z'amours. _____Pyramide. _____ Journal. _____Rex. _____Dans la chaleur de la nuit. _____Tiercé. _____Chicago Hope, la vie à tout prix. _____Le prince de Bel-Air.

14 Écoutez ces trois personnes et dites qui est vendeur aux Galeries Lafayette, qui est concierge, et qui est chauffeur de taxi.

15 *Par groupes de deux, jouez ces dialogues en regardant les horaires d'ouverture du Crédit Lyonnais, de la poste et de la mairie.*

1. Vous voulez ouvrir un compte dans une agence du Crédit Lyonnais et vous téléphonez pour connaître ses horaires d'ouverture.
2. Vous voulez envoyer un mandat et vous entrez dans le bureau de poste. Il est 18h55 et l'employé refuse parce que les bureaux ferment dans 5 minutes et vous n'êtes pas content.
3. Vous travaillez à la mairie et vous expliquez à une nouvelle collègue ses horaires de travail (elle arrive toujours en retard).

Communication

accepter / refuser poliment

16 *Écoutez ces dialogues, regardez le tableau "accepter et refuser poliment" et cochez la bonne case.*

	accepter	refuser poliment
exemple		**X**
1.		
2.		
3.		
4.		
5.		

Accepter	Refuser poliment
Oui, merci.	Non, merci.
Avec plaisir.	
Si vous voulez, d'accord.	Merci, je n'en veux pas.
Volontiers.	Oh, je voudrais plutôt…
Je veux bien.	Non, je préfère…
Si tu veux.	
Oui, peut-être.	Je suis désolé(e), mais…

17 *Par groupes de deux, préparez ces dialogues et jouez-les devant la classe.*

1. Un étudiant de votre classe vous propose d'aller prendre un café après le cours. Vous refusez car vous avez un rendez-vous.
2. Votre professeur vous propose de parler de votre pays devant toute la classe. Vous acceptez.
3. Le réceptionniste de votre hôtel vous propose une chambre plus grande et plus confortable. Vous acceptez.
4. Un ami vous invite au restaurant. Vous acceptez, mais l'heure qu'il vous propose ne vous convient pas.

18 À l'aide des trois dessins, complétez le tableau des adjectifs possessifs.

Voici **mon** frère Alexandre et **ma** soeur Stéphanie.

Voici tante Janine et oncle Thomas, **leurs** enfants et **leur** chien.

Ici, c'est Stéphanie avec **ses** camarades de classe.

Les adjectifs possessifs				
SINGULIER			PLURIEL	
MASCULIN	FÉMININ		MASCULIN	FÉMININ
.... frère	.... sœur	**mon** amie	**mes** disques	**mes** cassettes
ton compte	**ta** mère	**ton** idée	**tes** amis	**tes** voitures
son professeur	**sa** rue	**son** image	.... camarades	**ses** robes
notre pays	**notre** villa		**nos** exercices	**nos** fleurs
votre chat	**votre** moto		**vos** cafés	**vos** chansons
.... travail	**leur** fille		.... enfants	**leurs** écoles

(!) → **Son** hôtel est tout près. J'aime **mon** pays. **Notre** ville est belle.
Devant les noms féminins singulier commençant par une voyelle ou un "h" muet **ma**, **ta**, **sa** deviennent **mon**, **ton**, **son**.
→ **Mon** université est au centre-ville. Quelle est **ton** adresse ? **Son** amie s'appelle Christine.

19 Choisissez l'adjectif possessif correct pour chacun de ces dialogues.

1. — Quel est .... pays d'origine ?
   — Je suis américain, mais j'habite en Angleterre.
   ☐ mon   ☐ votre   ☐ son
2. — Qui est Sylvie Descartes ?
   — C'est .... amie d'enfance, nous avons fait toutes nos études ensemble.
   ☐ ton   ☐ leur   ☐ mon
3. — Quelle est .... voiture ?
   — La bleue, à droite, c'est la première fois que j'achète une voiture neuve.
   ☐ mon   ☐ leur   ☐ ta
4. — Comment sont .... nouveaux collègues ?
   — Oh, ils sont très gentils, j'ai eu de la chance de changer de bureau !
   ☐ tes   ☐ leur   ☐ mon
5. — Quel autobus vous prenez pour aller à l'école ?
   — Nous prenons le 27 jusqu'à la gare St. Lazare .... école est juste là.
   ☐ votre   ☐ leur   ☐ notre
6. — Que font .... parents ?
   — Ma mère est professeur, mon père est avocat.
   ☐ tes   ☐ ma   ☐ ta

20 *Répondez aux questions et dites ce que vous aimez et ce que vous n'aimez pas en vous aidant du lexique en marge.*
Exemple : Qu'est-ce que vous aimez et qu'est-ce que vous n'aimez pas de votre maison à la campagne ?
Oh, j'aime bien **son** jardin, mais je n'aime pas **ses** chambres...

la position
la voiture
le caractère
la place
l' habitant
la cuisine
la salle de jeux
les escaliers
le balcon
la dimension
la circulation
le magasin
la rue
le salon
le visage

1. de votre ville ?
_____

2. de vos collègues de bureau ?
_____

3. de votre appartement ?
_____

21 *Imaginez des slogans publicitaires en utilisant des adjectifs possessifs.*
Exemple :
Sur votre ville : Venez dans **notre** ville pour visiter **son** musée d'art moderne, **sa** cathédrale et **ses** caves.

1. Sur votre université : Choisissez notre université pour profiter de ses structures (professeurs, laboratoire de langues, jardin, restaurant universitaire, qualité d'enseignement).

2. Sur votre village : Venez admirer notre musée (églises, gastronomie, panorama).

3. Sur un hôtel : Passez quelques jours à l'hôtel Astoria pour son confort (chambres avec télévision, restaurant, service).

---

les verbes en "ir"
Le présent de l'indicatif
choisir :
je choisis   [ʃwazi]
tu choisis
il/elle/on choisit
nous choisissons   [ʃwazisɔ̃]
vous choisissez
ils/elles choisissent [ʃwazis]

Le passé composé : j'ai choisi, grandi, grossi...
grandir, grossir, finir, applaudir,
rougir, maigrir...
se conjuguent comme "choisir"

---

la banque

22 *Écoutez ces dialogues et choisissez ensuite la phrase correcte pour compléter chaque affirmation.*

1. Les bureaux de change indépendants sont ouverts...
- ☐ 24 heures sur 24
- ☐ de 9h à 18h du lundi au samedi.

2. Dans les grandes villes, les banques...
- ☐ ferment à l'heure du déjeuner.
- ☐ restent ouvertes entre 12h et 14h.

3. Les distributeurs automatiques de billets...
- ☐ se trouvent à l'extérieur de chaque banque.
- ☐ se trouvent seulement dans les halls des gares et des aéroports.

4. La carte de paiement la plus courante en France est...
- ☐ la carte American Express
- ☐ la carte Visa

Phonétique

les sons [i] / [y] / [u]

23 *Écoutez, lisez puis complétez le tableau.*

[i], [y] et [u]		
[i] s'écrit : tri, _____		
[y] s'écrit : _____		
[u] s'écrit : bouche, _____		

1. bouche - **2.** tri - **3.** prouve - **4.** lu - **5.** appris - **6.** senti - **7.** sous - **8.** vu - **9.** sud - **10.** plus

24 *Écoutez et indiquez le son entendu.*

Exemple : Lili rit.

	[i]	[y]	[u]
Exemple	X		
1.			
2.			
3.			
4.			
5.			
6.			

25 *Écoutez et complétez les mots.*

1. — Sal ...t, Sylv...e, comment vas-t...?
    — Bien, merc...!
2. — Allô, Paul...ne, t... me passes Jacques ?
    — Non, Jacques est sort..., t... veux lui laisser un message ?
    — Oui , d...s-lui que t...t est ok.
3. — Pardon, monsieur, v...s p...vez me d...re ... est la t...r Montparnasse ?
    — Allez t...t droit j...squ'au b...t de la r...e.
    — Merc..., monsieur.
    — De rien.

Delf

Oral

📻 **1** *Écoutez ces dialogues puis répondez aux questions posées à la fin de chaque dialogue en cochant la case correspondante.*

Dialogue 1 :
- ☐ des oeufs, du poisson, du pain.
- ☐ des oeufs, du pain, de la viande, de la farine.
- ☐ du pain, de la viande, de la farine.

Dialogue 2 :
- ☐ elle a pris du poisson et de l'eau minérale.
- ☐ elle a pris du poulet et du vin.
- ☐ elle a pris du poulet, du vin et de l'eau.

Dialogue 3 :
- ☐ du lundi au dimanche de 10 heures à 20 heures.
- ☐ du lundi au samedi de 10 heures à 19 heures, le dimanche de 10 heures à 13 heures.
- ☐ tous les jours de la semaine de 10 heures à 19 heures et un dimanche sur deux de 10 heures à 13 heures.

2 *Parlez avec un ami de votre ville que vous aimez beaucoup. Aidez-vous des indications du tableau pour compléter le dialogue.*

> Histoire, artistes, monuments, musées, petites rues, restaurants, jardins publics, nombreuses facultés, climat extraordinaire, touristes, prendre un café en terrasse, parler aux étrangers, magasins d'artisanat, boutiques, site près de la mer ou de la montagne

1. — Allô ! C'est Paul ! Ça va Henri ? Comment trouves-tu ta nouvelle ville ?
   — Super il y a .... Et aussi ....
2. — Mais est-ce qu'il y a des touristes ?
   — Oui, ...
3. — Est-ce que tu sors ?
   — Beaucoup, je ....
4. — Il fait beau ?
   — Ah oui, ...
5. — Tu te promènes ?
   — ....
6. — Tu vas à la mer ?
   — ....
7. — Formidable, je suis content pour toi !
   — Et toi, ... ?
   — Bien, merci ! Allez, salut je t'embrasse .
   — Merci, à bientôt !

3 *Vous rencontrez un(e) touriste perdu(e) qui vous demande son chemin. Vous êtes place de la Préfecture et il/elle veut aller rue Colbert en passant par la rue de la Scellerie.*

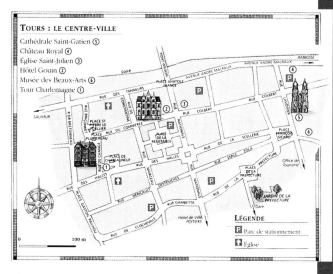

Écrit

4 *Vous deviez aller au cinéma avec Katia ce soir, elle vous avertit au dernier moment qu'elle ne peut pas venir. Vous lui laissez un petit mot parce que vous n'êtes pas content(e). Puis vous lui proposez un autre rendez-vous (cinéma, restaurant, promenade...)*

Chère Katia,
....
....
....
....

5 *Madame Pierre note ce qu'elle doit faire dans la journée.*

A. *Classez ses activités dans l'ordre chronologique.*

a. aller à la poste avant 16h30
b. passer au bureau avant 10h
c. déjeuner avec Laurence
d. laisser les enfants au collège
e. prendre les enfants à 16h30
f. faire les courses pour le dîner après la réunion du bureau
g. téléphoner à Annie en fin de matinée

d						

B. *Racontez ce qu'elle a fait :*

D'abord, elle a laissé ses enfants au collège
....
....
....
....

Unité 1 05

DANS LES MAGASINS

Activité 1 P. 36 Exercice 1

1. Allez vite à notre stand Bijouterie !
2. Il faut penser à la Fête des Mères !
3. Ne dépensez plus des fortunes !
4. Ce rayon est au rez-de-chaussée, à gauche de l'entrée.
5. Il y a une promotion de 20% sur les bijoux en or !

L'IMPÉRATIF

Activité 2 P. 38 "L'impératif affirmatif et négatif"

1. Viens à Nice !
2. Ne viens pas à Nice !
3. Allons au supermarché !
4. Répétez la phrase !
5. Aie, ayons, ayez.
6. Sois, soyons, soyez.
7. Sache, sachons, sachez.
8. Veuillez attacher vos ceintures !

DONNER UN CONSEIL / INTERDIRE

Activité 3 P. 39 "Donner un conseil / Interdire"

1. Soyez attentif !
2. Il faudrait partir maintenant !
3. Tu devrais écouter en classe !
4. Il ne faut pas être en retard !
5. Vous ne devez pas partir en train !

Activité 4 P. 40 Exercice 10

1. Sois calme ! Ne parle pas vite !
2. Prenez des lunettes de soleil ! Emportez votre appareil-photo !

SAVOIR SE REPÉRER

Activité 5 P. 41 "Savoir se repérer"

1. Continuez tout droit !
2. Tournez à gauche, à droite.
3. Allez au bout de l'allée.
4. C'est entre le rayon boulangerie et le rayon parfumerie.
5. Voilà, c'est devant le rayon papeterie.
6. Allez derrière le rayon vêtements.
7. C'est en face du rayon sports.
8. C'est à côté du rayon fruits.
9. Les sacs plastiques sont au coin des caisses.
10. Va au fond du magasin.

Activité 6 P. 42 Exercice 13

1. Allez tout droit, au fond, à gauche vous avez le rayon boissons.

2. Allez à droite puis continuez tout droit, à gauche, il y a le rayon parfumerie.

LES ADJECTIFS DÉMONSTRATIFS

Activité 7 P. 43 "Les adjectifs démonstratifs"

1. Ce pays.
2. Cet automne.
3. Ce vin.
4. Cette fois.
5. Ces livres.
6. Ces cartes.
7. Cet immeuble.
8. Cet homme.

Activité 8 P. 43 Exercice 16

1. Il est grand, cet éléphant !
2. Ils ne sont pas bons, ces gâteaux !
3. Il exagère, ce garçon !
4. Elles sont géniales, ces lunettes !
5. Il est riche, cet industriel !
6. Elles sont rapides, ces voitures !
7. Elle est étonnante, cette femme !

IL Y A

Activité 9 P. 44 "Il y a"

1. Il y a un spectacle intéressant.
2. Il y a des hôtels chers.
3. Il n'y a pas de problèmes.
4. Il n'y a plus de touristes.
5. Il n'y a pas la mer.

Activité 10 P. 44 Exercice 19

1. Dans ma ville, il y a des musées mais il n'y a pas de pyramide.
2. Dans mon pays, il y a la mer mais il n'y a pas de montagnes.

LA FINALE DES MOTS

Activité 11 P. 46 "La finale des mots"

1. L'été, le sac, actif, le ciel.
2. Chante, cela dépend, beaucoup, le temps, tout, les bijoux, assez.
3. Dernier, la mer.

CONJUGAISON

Activité 12

1. Devoir: je dois, nous devons, ils doivent.
2. Payer : je paie, nous payons, ils paient.
3. Vouloir : je veux, nous voulons, ils veulent.
4. Connaître : je connais, nous connaissons, ils connaissent.

Unité 2 06

AU RESTAURANT

Activité 1 P. 47 Exercice 1
1. Qu'est-ce que tu prends ?
2. Pour moi, pas de vin !
3. Juste de l'eau minérale !
4. Vous pouvez choisir sur la carte.
5. Je fais un régime en ce moment.
6. Je voudrais juste une salade niçoise.
7. Vous voulez un apéritif ?
8. Excusez-moi, il y a une erreur !

LES PARTITIFS

Activité 2 P. 48 "Les articles partitifs"
1. Voulez-vous du café ?
2. Voulez-vous un café ?
3. Je mange de la viande.
4. Je ne mange pas de viande.

Activité 3 P. 49 Exercice 5
1. Vous avez aussi un menu à soixante-dix francs.
2. Je voudrais une salade de saison.
3. Et moi, un poulet avec des frites.
4. Et comme boisson ?
5. Oh, juste de l'eau minérale s'il vous plaît.

EXPRIMER LA QUANTITÉ

Activité 4 P. 50 "Exprimer la quantité déterminée"
1. Tu veux une tasse de café ?
2. Achète une bouteille de lait.
3. Je voudrais une assiette de crudités.
4. Pour moi, deux cents grammes de jambon.
5. S'il vous plaît, six mètres de tissu.
6. Un kilo de viande.

Activité 5 P. 51 "Exprimer la quantité indéterminée"
1. Jérôme est sportif, il fait beaucoup de gym.
2. Il est triste, il a peu d'amis de son âge.

Activité 6 P. 51 Exercice 12
1. Il a peu de livres.
2. Il reste un peu de glace.
3. Je n'ai pas d'argent.
4. Il y a beaucoup de vent.

ACHETER

Activité 7 P. 52 "Acheter"
1. Ça fait combien ?
2. Je veux une salade. Combien ça coûte ?
3. Quel est le prix du journal ?
4. C'est trente francs.
5. Vous me devez mille francs.
6. Oh non, c'est trop cher!
7. Cela ne fait pas du tout soixante-dix-sept francs.
8. Je suis désolée, je me suis trompée !

Activité 8 P. 53 Exercice 15
1. Ça coûte mille francs.
2. Oh, non, c'est trop cher !
3. Il y a une erreur, madame.
4. Oh, pardon, madame, je me suis trompée !

L'INTERROGATION (2)

Activité 9 P. 53 "L'interrogation"
1. Tu déjeunes quand ?
2. Tu prends quoi comme dessert ?
3. Où est-ce que tu déjeunes ?
4. Qui est-ce que tu invites ?
5. Qu'est-ce que tu prends comme dessert ?
6. Combien est-ce que ça coûte ?

Activité 10 P. 53 "L'interrogation"
1. Quand déjeunez-vous ?
2. Où déjeunez-vous ?
3. Qui invitez-vous ?
4. Que prenez-vous comme dessert ?
5. Combien cela coûte-t-il ?

Activité 11 P. 54 Exercice 20
1. Quand est-ce que tu pars ?
2. Où est-ce que tu vas dormir ?
3. Combien de jours est-ce que tu restes à New York ?
4. Combien est-ce que ça coûte, ton voyage à New York ?
5. Qu'est-ce que tu veux visiter ?

LES SONS [ə] / [e]

Activité 12 P. 56 Exercice 26
1. Tu as le téléphone de Paul ?
2. Elle habite à Lille.
3. Je parle à Pierre.
4. Pourquoi vous ne venez pas au cinéma ?

CONJUGAISON

Activité 13
1. Faire : je fais, tu fais, il fait, nous faisons, vous faites, ils font.
2. Prendre : je prends, nous prenons, ils prennent.

Unité 3 07

À LA BANQUE

Activité 1 P. 57 Exercice 1
1. Écoute ce qui m'est arrivé dimanche dernier.
2. J'ai téléphoné à un numéro spécial.
3. J'ai passé le dimanche sans argent.
4. Je suis furieux contre votre banque.

LE PASSÉ COMPOSÉ

Activité 2 P. 58 "Le passé composé"
1. Il a trouvé le livre, puis il est parti à la faculté.
2. Mon père est allé à Madrid en avion.
3. Ma mère est partie en train parce qu'elle déteste l'avion.
4. Elles ont mangé au restaurant chinois.
5. Aujourd'hui, je ne suis pas allée à la banque.
6. Nous n'avons pas téléphoné à Charles.

Activité 3 P. 59 Exercice 6
1. J'ai commencé ma journée de travail à 10 heures.
2. Je suis parti à l'agence de publicité.
3. J'ai discuté avec mes copains.

MARQUER LES ÉTAPES D'UNE ACTION

Activité 4 P. 60 "Marquer les étapes d'une action"
1. Hier matin, d'abord, je suis allé au supermarché.
2. Ensuite, j'ai fait une promenade au centre ville.
3. Pour finir, j'ai déjeuné avec une amie.

Activité 5 P. 61 Exercice 9
1. D'abord, j'ai cherché l'adresse de l'école.
2. Puis, j'ai demandé un rendez-vous à la directrice.
3. Ensuite, j'ai passé un test.
4. Après, j'ai rempli un formulaire.
5. Pour finir, j'ai payé l'inscription.

PROTESTER / RÉCLAMER

Activité 6 P. 61 "Protester / réclamer"
1. C'est inadmissible !
2. C'est insupportable !
3. C'est incroyable !
4. C'est scandaleux !
5. C'est inacceptable !
6. Ce n'est pas vrai !
7. Ce n'est pas juste !
8. Voulez-vous appeler le directeur, s'il vous plaît ?

Activité 7 P. 61 Exercice 11
1. Mais Bernard, c'est incroyable, tu es encore en retard !
2. Tu as raison, Anne, mais je ne me suis pas réveillé.
3. Trois retards dans la même semaine, c'est inadmissible !

EXPRIMER L'HEURE

Activité 8 P. 62 "L'heure"
1. Quelle heure est-il ?

2. Il est dix heures dix.
3. Il est dix heures et quart.
4. Il est huit heures et demie.
5. Il est onze heures moins le quart.
6. Il est midi.
7. Il est minuit.
8. Il est dix heures quinze.
9. Il est huit heures trente.

Activité 9 P. 63 Exercice 15
1. Fais attention, à la mairie tu dois arriver tous les jours à 8h50.
2. Le public arrive à 9 h.
3. A midi, tu prends une heure pour le déjeuner.
4. Les bureaux ferment à 18h.

ACCEPTER / REFUSER POLIMENT

Activité 10 P. 63 "Accepter / refuser poliment"
1. Oui, merci !
2. Si vous voulez, d'accord.
3. Non merci, je n'en veux pas.

Activité 11 P. 63 Exercice 17
1. Et maintenant, César, vous pouvez parler de votre pays, l'Italie ?
2. Volontiers, avec plaisir.

LES ADJECTIFS POSSESSIFS

Activité 12 P. 64 "Les adjectifs possessifs"
1. Mon université est au centre-ville.
2. Son hôtel est tout près.
3. J'aime mon pays.
4. Notre ville est belle.

Activité 13 P. 65 Exercice 20
1. J'aime bien son jardin, mais je n'aime pas ses chambres.
2. J'aime bien son salon, mais je n'aime pas sa cuisine.
3. J'aime sa salle de jeux, mais je n'aime pas ses escaliers.

LES SONS [i] / [y] / [u]

Activité 14 P. 66 "les sons [i] / [y] / [u]"
1. Quels prix !
2. Oh, une souris !
3. Aux États-Unis ?
4. Tu as reçu le livret ?
5. Surtout pas !
6. Qui le dit ?

CONJUGAISON

Activité 15
1. Choisir : je choisis, nous choisissons, ils choisissent.
2. J'ai choisi, ils n'ont pas choisi.
3. Voir : je vois, nous voyons, ils voient.
4. J'ai vu, ils n'ont pas vu.

DOSSIER 3

Rencontres

Unité 1
Petites annonces

- Les adjectifs qualificatifs
- Comparer
- Décrire une personne / un objet
- Les pronoms relatifs
- La gestualité
- Les sons [ɛ] / [ɛ̃]

Unité 2
Invitations

- Le futur simple
- Parler de l'avenir
- Accepter / refuser une invitation écrite
- Les pronoms toniques
- On
- Les fêtes en France
- Les sons [a] / [ɑ̃]

Unité 3
Coups de fil

- Le discours rapporté
- Parler au téléphone
- Prendre / refuser un rendez-vous
- Les expressions de temps (1)
- Le téléphone en France
- Les sons [o] / [ɔ̃]

DELF

Travailler avec le CD audio

Unité 1
Petites annonces

PARIS*ANNONCES*

A - EMPLOIS DE MAISON

B - MEUBLES ET ACCESSOIRES

C - RENCONTRES

D - ANIMAUX

E - EMPLOI

F - IMMOBILIER

G - VÊTEMENTS

H - TRANSPORT

1 - 75. Robe de mariée, en soie blanche, gde T 46, val. 915 € vendue 300 € Répondeur si absent 01 44 75 07 27 Paris.

2 - 95. Canapé en cuir + table ronde avec 4 chaises le tt pour 560 € Bur : 01 45 46 03 59 Gentilly.

3 - 94. ch j.f garde enfants, non fumeuse pour garder bébé de 4 mois à partir 1er octobre 1999. Horaires à déf. 01 43 75 82 38.

4 - 75. Entre Paris et la Charité s/ Loire ch. Voiture qui effectue trajet régulier. Participation aux frais. Faire offre au 01 34 43 92 31 le matin.

5 - 91. Poss. garder chien à la campagne tte l'année. 01 69 78 06 62 Etampes.

6 - ch comédienne env. 20 ans, plus âgée acceptée, type méditerranéen, petite, pour rôle ds film comédie, sérieuse, réf exigées. Tournage en avril. Envoyer photos et CV. Agence ANPE Alfortville. Bur 01 23 76 44 78.

7 - 94. JF 45 A, cél, blonde, yx bleus, ss enfants, secrétaire, rech pour relations amicales H 40/50 A brun, cél, sincère, sérieux, esprit jeune. Répondeur : 08 36 68 30 49

8 - Part. loue 2 appts. 1 Porte d'Italie F3, tt cft, chauf.ind. 620 € TTC 2 Rue Clignancourt appt. aussi spacieux et moins cher 380 € TTC Tel : 01 45 18 07 13.

Lexique

un emploi de maison - un meuble - une rencontre - une robe en soie - garder un enfant - la participation aux frais - un(e) comédien (ne) - le tournage d'un film - le chauffage - un appartement tout confort

---

1 Associez chaque annonce à la rubrique correspondante.

A	B	C	D	E	F	G	H
3							

2 *Retrouvez le mot complet correspondant aux abréviations des annonces de l'exercice 1 en vous aidant de la liste de mots ci-dessous.*

Exemple : gde T 46 → grande taille 46

Appartement, tout(e), ascenceur, sans, curriculum vitae, confort, valeur, définir, téléphone, homme, références, jeune femme, bureau, yeux, possibilité, environ.

1. val. → ....
2. le tt → ....
3. Bur → ....
4. ch → cherche
5. horaires à déf → ....
6. Poss,garder chien → ....
7. tte l'année → ....
8. env. 20 ans → ....

9. réf. exigées → ....
10. Photo et cv → ....
11. J.F → ....
12. Cél → célibataire
13. yx bleus → ....
14. ss enfant → ....
15. h. → ....
16. tél → ....

17. Part → particulier
18. Appt → ....
19. tt cft → ....
20. chauf ind → chauffage individuel
21. asc → ....
22. 550 € TTC → 550 euros toutes taxes comprises

3 *Écoutez ces deux conversations téléphoniques puis répondez aux questions.*

1. Quelles sont les annonces du journal choisies par Anne ?
Dialogue 1 : .... Dialogue 2 : ....
2. Anne se met d'accord avec la personne ☐ du dialogue 1 ☐ du dialogue 2
3. Pour quand a-t-elle pris rendez-vous ?

Grammaire
les adjectifs qualificatifs

4 *Écoutez et complétez le tableau des adjectifs qualificatifs.*

EUROPE : NÉE SOUS UNE BONNE ÉTOILE !

Les adjectifs qualificatifs		
MASCULIN		FÉMININ
1. grand voisin	e	grande voisine ronde
2. sympathique possible	→	sympathique .... jeune
3. bon naturel	ne le	bonne naturelle actuelle
4. vif neuf	f/ve	vive
5. dernier	er/ère	dernière régulière
6. sérieux affreux	eux/euse	sérieuse
7. blanc	e/che	blanche franche

Adjectifs qualificatifs
Cas particuliers

MASCULIN

beau / bel : un beau livre, un bel animal, un bel habit
vieux / vieil : un vieux journal, un vieil ami, un vieil homme
long : un exercice long
faux : un faux billet
frais : un légume frais

FÉMININ

belle : une belle maison
vieille : une vieille femme
longue : une journée longue
fausse : une fausse moustache
fraîche : une salade fraîche

Complétez les explications de ce guide.

Bonjour Mesdames et Messieurs ! Aujourd'hui à notre programme, il y a la _____ Arche, puis la visite du _____ et du _____ Palais, la découverte du Pont- _____ , puis nous passerons par l'avenue de la _____ Armée, l'École _____ , et le Musée d'Histoire _____ . Pour finir, ce soir, vous allez assister à un spectacle du Moulin _____ ! Allez, courage, on part à la découverte de Paris !

6   *Par groupes de deux, complétez ces dialogues puis lisez-les.*

> **Exemple** : — Pierre est anglais ?
> — Non, mais sa femme est anglaise !

1. — Marie est grande ?
— Non, mais son frère est _____

2. — Henri est précis ?
— Non, mais sa secrétaire est _____

3. — Luc est généreux ?
— Non, mais Claire est _____

4. — Joseph est le premier en sport ?
— Non, mais sa soeur est la _____

5. — Cet étudiant italien est nouveau dans la classe ?
— Non, mais Elena est _____

7   *Observez les titres de journaux et complétez le tableau "La place des adjectifs".*

Demain, conférence internationale de la FAO

Plus de papiers pour passer les frontières européennes

La petite Nathalie retrouvée !

Bonnes vacances à tous nos lecteurs.

Augmentation de l'essence le mois prochain

Élections présidentielles : un nouveau candidat se présente !

La place des adjectifs

Les adjectifs sont placés, en général :   ☐ après le nom.   ☐ avant le nom
→ C'est une décision **gouvernementale**.
    Je parle à un homme **allemand**.
    Je porte un paquet **rectangulaire**.
    J'ai une robe **rouge**.
Les adjectifs : **beau, bon, dernier, grand, gros, jeune, joli, nouveau, mauvais, petit, premier, prochain, vieux** sont en général :   ☐ après le nom   ☐ avant le nom
→ **Bon** anniversaire, Marc !
 	
! Mercredi **dernier**, je l'ai vu chez Pauline.
    La semaine **prochaine**, je vais à la mer.

8 Complétez ces dialogues avec un des adjectifs proposés en faisant les accords nécessaires :

important, international, joyeux, nerveux, bon, nouveau, mauvais, blond, prochain, sympathique.

1. — _____ Noël et _____ année Jacques !
   — Merci, Armand, à toi aussi !
2. — Qui est cette dame _____ ?
   — C'est Sylvie, une _____ collègue, elle est vraiment très _____
3. — J'ai une fille _____ , en ce moment, on ne peut pas lui parler !
   — Oh, elle a peut-être eu une _____ note à l'école.
4. — Cette semaine, les vols _____ ont été annulés à cause de la grève.
   — Oh, quel désastre, mercredi _____ j'ai un rendez-vous très _____ à Washington !

Le pluriel des adjectifs		
SINGULIER		PLURIEL
1. grand	**+s**	grands
utile		utiles
importante		importantes
2. joyeux	**→**	joyeux
précis		précis
3. international	**aux**	internationaux
général		généraux
4. nouveau	**+x**	nouveaux

Communication

comparer

9 Observez ces deux dessins. Cochez pour chacun la phrase correcte.

☐ Ludovic est **aussi** petit **que** Sylvain.
☐ Ludovic est **plus** gros **que** Sylvain.
☐ Ludovic et Sylvain sont **moins** gros **que** Charles.

☐ Anne a **autant de** clients **que** Chantal.
☐ Anne et Chantal ont **moins de** clients **que** Mireille.
☐ Mireille a **plus de** clients **que** Chantal et Anne.

Comparer des qualités

+	**plus** + adjectif + **que**
=	**aussi** + adjectif + **que**
-	**moins** + adjectif + **que**

Comparer des quantités

+	**plus de** + nom + **que**
=	**autant de** + nom + **que**
-	**moins de** + nom + **que**

Écoutez et choisissez les phrases qui correspondent à l'enregistrement.

1. ☐ Hervé est moins âgé que Robert.
   ☐ Robert est aussi âgé que son ami Hervé.
2. ☐ Mon oncle gagne autant que mon père.
   ☐ Mon père gagne moins que son frère.
3. ☐ Sylvie a étudié à l'université plus d'années que Jérôme.
   ☐ Jérôme a étudié à l'université autant d'années que Sylvie.
4. ☐ La maison de Claude est aussi vieille que la maison de mes parents.
   ☐ La maison de Claude est plus vieille que la maison de mes parents.

11

A. *Vous êtes vendeur dans un magasin de vêtements et un client veut acheter une veste. Comparez ces deux modèles de veste à l'aide des adjectifs de la liste.*

Exemple : La veste de gauche est **plus** chère **que** la veste de droite, mais **moins** pratique...

grand / petit
élégant / confortable
ancien / moderne
rustique / pratique
cher / bon marché
haut / bas
large / étroit
durable / fragile

B. *Vous êtes vendeur dans un magasin de meubles et un client veut acheter une armoire. Comparez les deux armoires.*

12

Que pensez-vous de ces affirmations ?

Exemple : Les Français mangent moins de fromage que les Chinois.
→ Non, ce n'est pas vrai, les Français mangent plus de fromage que les Chinois.

1. Les bébés ont besoin de moins de sommeil que les adultes.
2. Les vêtements de chez Chanel sont aussi chers que les vêtements d'un supermarché.
3. Une Clio est plus rapide qu'une Porsche.
4. La vie en ville est aussi fatigante que la vie à la campagne.
5. L'ordinateur est moins pratique que la machine à écrire.
6. Le poisson a autant de calories que le chocolat.
7. Les ouvriers ont moins d'heures de travail que les chefs d'entreprise.

décrire une personne / un objet

13 *Regardez ce document et répondez aux questions en vous aidant du tableau.*

1. **Qui est la personne qui a rempli le questionnaire ?**
   C'est _____ .
2. **Comment est-il ?**
   Il est _____ .
   Il mesure _____ .
   Il pèse _____ .
   Il a les yeux _____ .
   les cheveux _____ .
3. **Qu'est-ce qu'il fait ?**
   C'est un _____ .

Quelques professions...
Professeur,
musicien(ne),
présentateur(trice),
président(e),
secrétaire,
ambassadeur(drice),
ingénieur,
avocat(e),
acteur(trice),
ouvrier(ère),
employé(e)...

Quelques adjectifs pour décrire...
Blond(e), brun(e), châtain, gros(se), grand(e), mince, long(ue), raide, frisé(e), bleu(e), marron, vert(e), âgé(e), jeune, pauvre, riche...

Décrire une personne

Qui est-ce ?	**C'est** Pierre, un ami de Samuel. **C'est** un architecte japonais.
Comment est-il/elle ?	**Il est** beau et sympathique. **Elle est** jolie, agréable. **Il a** des moustaches, **elle a** des cheveux longs, **il a** les yeux verts, **il a** l'air sympathique. **Il pèse** 75 kilos, **il mesure** 1m 80.
Qu'est-ce qu'il/elle fait ?	**Il est** chanteur, **elle est** mannequin.
Qu'est-ce qu'il/elle porte ?	**Il porte** une veste, une chemise, un pantalon, un chapeau, un costume, des chaussures, des bottes. **Elle porte** un chemisier, une jupe, une robe.

14 *Décrivez un de ces personnages. Les autres étudiants doivent deviner de qui il s'agit.*

Exemple : C'est un homme, il est grand, mince. Il a des moustaches, il porte un costume. Qui est-ce ? → C'est le personnage n°1.

 Ce matin à 9 heures place de la Trinité à Paris, Mme Jeanne Gillot a perdu son sac, et elle est allée au commissariat.
Écoutez le dialogue et complétez sa déclaration.

DÉCLARATION DE PERTE ET DE VOL

Je soussignée _____, née à _____ le _____ et résidente à _____,
_____ rue _____, 75005 _____ déclare sur l'honneur ce qui suit :
ce jour, à _____ heures, place _____ j'ai perdu mon sac.
C'est un sac _____ et _____ avec une fermeture _____
Il contient un porte-clés _____ et un foulard Hermès _____ et
en _____. Dans le sac, il y a également un porte-monnaie. C'est un
porte-monnaie en _____ de couleur _____. Il y a aussi une _____.
Je ne sais pas combien d'argent il y a dans le porte-monnaie.

> **savoir**
> je sais [sɛ]
> tu sais
> il/elle/on sait
> nous savons [savɔ̃]
> vous savez
> ils/elles savent [sav]
> **passé composé** : j'ai su [sy]

Décrire un objet

Qu'est-ce que c'est ?   **C'est** une radio, c'est une montre, c'est une encyclopédie.

Comment est-il/elle ?   **Il/elle est**, rond(e), carré(e), plat(e), profond(e), rouge, utile, cher (chère), bon marché, rectangulaire, ancien(ne), minuscule, jaune, noir(e), en cuir, en plastique, en métal, en or, en argent, en verre, en laine, en coton, en soie.

les pronoms relatifs

16 *Observez ces phrases et complétez-les sans en modifier le sens.*

Exemple : J'ai acheté un magazine qui n'est pas cher.
→ J'ai acheté un magazine. **Ce magazine** n'est pas cher.

1. Je cherche une voiture **qui** effectue des trajets réguliers.
Je cherche une voiture. _____ effectue des trajets réguliers.

2. J'ai aussi des références **que** je peux vous montrer.
J'ai aussi des références. Je peux vous montrer _____

Les pronoms relatifs

1. qui

J'achète un livre. Il est cher → J'achète un livre **qui** est cher.

2. que

Ils se retrouvent au café. Jean connaît **ce café.** → Ils se retrouvent au café **que** Jean connaît.

🛇 On peut faire l'élision avec "que" devant une voyelle, mais pas avec "qui" :
C'est une personne **qui** est intelligente.
C'est l'amie **qu'**il aime bien rencontrer.

---

17 *Complétez ces phrases avec "qui" ou "que (qu')".*

Exemple : Je connais cette fille **que** tu aimes bien.
qui est assise devant nous.

1. Les prévisions _____ le journaliste annonce sont fausses.
_____ sont dans le journal sont fausses.

2. La fille _____ a un appareil photo est espagnole.
_____ il regarde n'est pas blonde.

3. Le garçon de café _____ porte un plateau est serviable.
_____ j'appelle ne répond pas.

4. C'est un savant _____ a reçu le prix Nobel.
_____ tout le monde connaît.

5. Voilà des gens _____ nous aimerions fréquenter.
_____ habitent en France.

18 *Complétez ces dialogues avec "qui", "que (qu')".*

1. — On s'amuse bien dans cette fête ?
— Oui, c'est une fête _____ est bien réussie.

2. — Qui est-ce ?
— C'est quelqu'un _____ habite près de chez moi.

3. — Je le connais ?
— Oui, c'est un garçon _____ on t'a présenté hier.

4. — On va au bar ?
— Oui, si c'est toi _____ paies.

5. — Qu'est-ce que tu lis ?
— Le livre _____ tu m'as offert à Noël.

19 *Complétez ces phrases comme vous le désirez.*

Exemple : J'aime cette ville
- qui a beaucoup de monuments.
- que tu ne connais pas.

1. Vous irez dans ce restaurant qui _____
que _____

2. Ce sont des endroits qui _____
que _____

3. Voilà une villa qui _____
que _____

4. Il y a des personnes qui _____
que _____

la gestualité

20 *Associez les phrases entendues aux dessins.*

phrases	1	2	3	4	5	6	7
dessins	e						

les sons [ε] / [ɛ̃]

21 *Écoutez ces mots et cochez le son entendu.*

	1	2	3	4	5	6	7	8	9	10
[ε]										
[ɛ̃]	X									

22 *Écoutez et soulignez les sons [ɛ̃].*
Exemple : Ils aiment manger du
<u>pain</u> avec un verre de v<u>in</u>.

1. Voici un timbre français.
2. Il est impatient de connaître votre ami américain.
3. C'est un Péruvien intéressant.
4. C'est plein d'eau.
5. Il est inscrit à un syndicat.
6. J'adore ce parfum italien.

23 *Complétez le tableau en vous aidant des mots de l'exercice précédent.*

[ɛ̃]		
[ɛ̃] peut s'écrire **in** : _____	**un/um** : _____	
im : _____	**i+en** : _____	
ain : _____	**yn/ym** : _____	
ein : _____		

Unité 2
Invitations

Lexique
une soirée amusante
la fête nationale
une épouse
à partir de
strictement
en son honneur
bien sûr
par contre

❶
Chère Christine

Je t'envoie ce petit mot parce que j'ai perdu ton numéro de téléphone. J'aimerais t'inviter à ma fête d'anniversaire ce 5 mars prochain. Il y aura tout le groupe de cet été et nous passerons une soirée amusante. Jules m'a dit que tu as un petit ami et l'invitation est, bien sûr, aussi pour lui.
Rappelle-moi au 0163641689.
Je t'embrasse
Céline

❷
A l'occasion de la fête nationale française, Monsieur l'Ambassadeur a l'honneur de solliciter votre présence ainsi que celle de votre épouse, à un cocktail qui aura lieu le 14 juillet prochain dans la Salle Horace de l'Ambassade à partir de 19 heures.

R.S.V.P

❸
Ce soir, on va faire du patinage, puis chez Luc pour voir sa nouvelle moto, j'espère que tu viendras avec nous. Par contre pour le dîner de dimanche soir, malheureusement je ne pourrai pas me libérer.
Rendez-vous devant la patinoire à 20H.
MARC

❹
Nous sommes heureux de vous inviter au défilé qui aura lieu mercredi 25 avril prochain à l'hôtel Excelsior entre 18 heures et 20 heures.
Vous êtes prié de présenter cette carte, strictement personnelle, à la réception de l'hôtel.

❺
Chers Julie et Roland,
Notre fille Juliette est rentrée hier des Etats-Unis et nous avons décidé d'organiser en son honneur un dîner samedi prochain et d'inviter nos meilleurs amis et leurs enfants.
J'espère que vous pourrez venir et vos enfants aussi, bien sûr.
J'attends de vos nouvelles.
Anne

1 Lisez ces invitations et complétez selon l'exemple.

	qui invite	qui est invité	où et quand	pourquoi	ton très formel /formel/amical	formule d'invitation
1.	Céline	Christine	chez elle le 5 mars	son anniversaire	amical	j'aimerais t'inviter à ma fête
2.						
3.						
4.						
5.						

2 *En vous inspirant des invitations de l'exercice 1, choisissez la formule appropriée pour compléter ces cartes d'invitation.*

_____
à l'inauguration de notre nouveau magasin lundi 14 juin à partir de 18 heures.

Nous allons organiser une fête dans notre maison de campagne pour célébrer le début de l'été. Il y aura de quoi manger, boire et s'amuser...

A l'occasion de sa nouvelle nomination, Monsieur le ministre _____ à une réception qui aura lieu dans les salons de l'hôtel Hilton jeudi 14 avril prochain à partir de 18 heures.

Grammaire
le futur simple

3 *Complétez le tableau du futur simple à l'aide des invitations de l'exercice 1.*

Le futur simple

Le futur simple de l'indicatif se forme à partir de l'infinitif des verbes.

passer → je passer**ai**
      tu passer**as**
      il/elle passer**a**
      nous _____
      vous passer**ez**
      ils/elles passer**ont**

(!) Les verbes en **-re** perdent le **e** final au futur.
prendre → je prend**rai** le train de 6 heures.

Les formes irrégulières

avoir : j'_____ , tu _____ , il_____ , vous _____
être : je serai, tu_____ , nous_____ , ils _____
devoir : je devrai, tu_____ , vous_____ , ils _____
vouloir : je_____ , tu_____ , elle voudra, vous _____
pouvoir : je_____ , tu_____ , vous _____ , ils _____
aller : j'irai, tu_____ , nous _____ , elles _____
venir : je_____ , tu_____ , elle _____ nous _____
savoir : je saurai, tu_____ , nous _____ vous _____
voir : je verrai, tu_____ , nous _____ elles _____
envoyer : j'enverrai, elle_____ , nous _____ , ils _____
faire : je ferai, il_____ , nous _____ , vous _____
recevoir : je_____ , tu recevras, vous _____ elles _____
falloir : il faudra

4 *Écoutez et complétez les dialogues. Puis, remplissez la grille avec des verbes au futur et leur infinitif.*

futur	infinitif
irons	aller

1. — Maman, nous _____ à Noël chez l'oncle Gaston ?
   — Oh, je ne sais pas, nous _____ ça plus tard.
2. — L'année prochaine, j'_____ 18 ans.
   — Eh oui, tu _____ passer ton permis de conduire
3. — Il _____ inviter tous les employés à l'inauguration ?
   — Oh non, le directeur ne _____ pas.
4. — À quel âge vous _____ votre retraite ?
   — Oh, ça _____ de ma santé.

5 *Jean et Rose se marieront le 3 septembre prochain. Racontez ce que fera leur ami Pierre. Mettez dans l'ordre chronologique les actions successives.*

Jean et Rose se **marieront** le 3 septembre prochain. Quand leur ami Pierre **recevra** l'invitation,
d'abord il ....
ensuite, ...
enfin, ...

choisir un cadeau
boire du champagne
être bien habillé
rencontrer les autres invités
recevoir l'invitation
envoyer le cadeau
aller au mariage
participer à la réception

> **recevoir**
> je reçois [rəswa]
> tu reçois
> il/elle reçoit
> nous recevons [rəsəvɔ̃]
> vous recevez
> ils/elles reçoivent [rəswav]
> **passé composé :** j'ai reçu
> **futur :** je recevrai

6 *À l'aide de l'itinéraire ci-contre, complétez la lettre que Josiane et Rémy envoient à leur fille Michèle et à son mari pour leur raconter le programme de leurs prochaines vacances en Italie. Les verbes de la lettre seront conjugués au futur simple.*

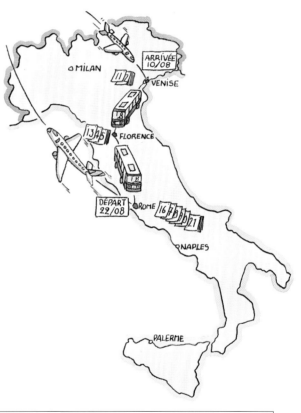

> **attendre**
> j'attends [atɑ̃]
> tu attends
> il/elle attend
> nous attendons
> vous attendez
> ils/elles attendent [atɑ̃d]
> **passé composé :** j'ai
> attendu
> **futur :** j'attendrai

Paris, le 3 novembre

Chers Michèle et Sébastien,

L'été prochain, nous passerons nos vacances en Italie. Nous partirons de Paris le 10 août et ....
....
....

Qu'est-ce que vous pensez de notre itinéraire ? Nous attendons vos commentaires et nous vous embrassons affectueusement.

Josiane et Rémy

p.s. : Bien sûr, nous vous enverrons plein de cartes postales d'Italie !

---

parler de l'avenir

7 *Regardez ces trois dessins et complétez le tableau.*

Parler de l'avenir

Pour parler de l'avenir, on peut employer :

le .... → Cet après-midi, je **vais** à la piscine avec mon père.

le futur proche → Nous **allons applaudir** très fort les chanteurs, ils chantent vraiment bien.

le .... → Où est-ce que tu **partiras** en vacances cet été ?

1. Le futur proche se forme avec le présent du verbe .... + l' .... du verbe principal.

2. Pour parler de l'avenir, la phrase peut commencer avec une expression de temps : **demain, ce soir, plus tard, l'année prochaine, en 2007, dans une semaine …**

 Cochez, pour chacune de ces phrases, l'expression de temps utilisée.

	Exemple	1	2	3	4	5	6
demain							
dans deux ans							
tout à l'heure	**x**						
ce soir							
en 2010							
à l'avenir							
dans une semaine							

9 *Laure et Sylviane travaillent dans la même entreprise, mais dans deux bureaux différents. Aujourd'hui, Laure voudrait aller prendre un café avec Sylviane. Il est 8h45 et elle téléphone à son amie pour fixer un rendez-vous, mais elles sont toutes les deux très occupées. Imaginez leur dialogue et, par groupes de deux, jouez-le devant la classe. Employez le futur proche.*

Laure : — Ce matin, je vais participer à la réunion générale de la division. Tu es libre à 11 heures ?
Sylviane : — Oh, non, à 11 heures, je vais accueillir la délégation espagnole. Et pour le déjeuner ?
Laure : — ....

Sylviane : — ....

10 *Imaginez l'avenir de ces trois bébés. Employez des verbes au futur simple.*

Dominique   Odile   Olivier

Quelques idées pour vous aider :
- vivre en France, à l'étranger, avec ses parents, avec ses grands-parents, dans une grande ville, à la campagne ; avoir deux soeurs, trois frères, être fils/fille unique ;
- être un bon élève, travailler mal à l'école, abandonner ses études, aller à l'université ;
- devenir avocat, médecin, employé de banque, professeur, ne pas travailler ;
- jouer au golf, au tennis, faire de la natation, aimer les voyages ;
- se marier, rester célibataire, avoir des enfants ; devenir riche, être pauvre, donner tout son argent aux pauvres, perdre son argent au casino...

accepter / refuser une invitation écrite

11 Lisez les deux lettres et le tableau, séparez par des barres (/) les différentes parties de chaque lettre.

> Paris, le 15 février
>
> Cher Roland,
>
> Je te remercie de ton invitation à passer les vacances de Pâques dans ta maison de campagne, mais malheureusement, je ne pourrai pas venir parce que je devrai rester à Paris pour étudier. En effet, tu sais, la vie d'un étudiant est dure : en ce moment, je prépare deux examens très difficiles pour le mois de juin.
> J'espère avoir l'occasion de découvrir ta maison pendant les vacances d'été.
> Amicalement,
> Frank

❶

> Strasbourg, le 2 mars
>
> Chers cousins,
>
> C'est très gentil de m'inviter chez vous pour le week end prochain. Bien sûr, je viendrai et Ringo, mon chien, aussi. Ici, tout va bien : le travail est un peu dur, mais les collègues sont très agréables et, de temps en temps, nous sortons ensemble le soir.
> J'arriverai par le train de 20h30, mais ne venez pas me chercher à la gare, parce que je pourrai prendre un taxi.
> Encore merci et à vendredi.
> Gros bisous   Jacqueline

❷

Accepter ou refuser une invitation écrite

1. **Mettre la date :** Paris, le 15 février…
2. **Formule d'appel :** Cher, Chère, Chers, Très chers…
3. **Écrire une phrase d'introduction :** C'est très gentil de …, Je vous/te remercie de …
4. **Accepter l'invitation :** Bien sûr, je viendrai… , Je serai très contente de …
ou Refuser l'invitation : Malheureusement, je ne pourrai pas …, Je suis désolé, mais…
5. **Apporter des précisions :** En effet, tu sais, vous savez…
6. **Écrire une phrase de conclusion :** J'espère avoir l'occasion de …, Encore merci, ce sera pour une autre fois.
7. **Rédiger la formule finale :** Amicalement, À très bientôt, Gros bisous…
8. **Mettre sa signature :** Frank, Jacqueline…

---

12 Reliez par des flèches les situations proposées aux phrases correspondantes.

1. Odile est invitée par ses amis Laure et Marius à participer à une randonnée dans le Jura.

2. Anne est invitée par les parents de Louis à passer un week-end dans leur maison de Deauville.

3. Marie est invitée au mariage de son ami Luc.

4. Marc est invité par un ami de New York à passer ses prochaines vacances d'été aux Etats-Unis.

a. Je te remercie de ton invitation, mais malheureusement, je n'aurai pas beaucoup de jours de vacances pour visiter ton beau pays.

b. Merci de ton invitation. Bien sûr, je serai ravie de passer avec toi le plus beau jour de ta vie.

c. Je vous remercie d'avoir pensé à moi, mais vous savez que je ne suis pas vraiment sportive.

d. Je vous remercie de votre aimable invitation. Je serai heureuse d'être avec vous au bord de la mer.

13 Reconstituez les éléments de cette lettre qui ont été mélangés.

1. J'espère te revoir bientôt.
2. J'ai été ravie de recevoir ta lettre.
3. Chère Paule,
4. Malheureusement, en ce moment, beaucoup de collègues sont malades
5. Je te remercie de ton invitation à Biarritz.
6. et je ne pourrai pas prendre de jours de vacances.
7. Joséphine.
8. Bien amicalement,

3							

les pronoms toniques   Unité 2

14 *Observez les dessins et le tableau.*

Moi, j'adore la montagne

les pronoms toniques

SINGULIER	**moi**	**toi**	**lui/elle**
PLURIEL	**nous**	**vous**	**eux/elles**

On emploie ces pronoms :
1. Pour renforcer les pronoms sujets.
→ **Vous**, vous avez une belle voiture !
2. Après des prépositions (avec, dans, chez, sur, sous, à, sans...)
→ Chez **eux**, il y a toujours du bruit.
Et oui, pour **nous**, cet exercice est fatigant.
3. Pour répondre à une question :
→ Qui a fini l'exercice?
Moi !

Chez eux, il y a toujours du plaisir

avec **Bonchoco**

15 *Dites le contraire des opinions suivantes.*

Exemple :— Moi, j'adore le cinéma.
Et Lucien ?
— Lui, il déteste le cinéma !

1. Moi, je trouve que le jazz, c'est formidable. Et Odette et Mathilde ?
....

2. Moi, je n'aime pas le football ! Et toi ?
....

3. Lui, il aime bien l'été. Et Julien et Henri ?
....

4. Elle, elle trouve que cette pièce de théâtre est mauvaise. Et Marie ?
....

5. Nous pensons que cette statue n'est pas moderne. Et vous ?
....

16 *Complétez ces dialogues par des pronoms toniques.*

Exemple :— J'ai acheté un cadeau pour Léa.
— Pour elle ? C'est son anniversaire ?

1. — Nous pouvons compter sur les Durand, je t'assure.
— Compter sur .... ? Je ne crois pas.
2. — Je peux sortir avec Hugues ?
— Avec .... ? D'accord !
3. — Vous venez chez moi, ce soir ?
— Oui, nous venons chez ....
4. — Bon, tu rentres toute seule !
— Sans .... ? Ce n'est pas possible, tu as les clés de la maison !
5. — Isidore, il y a un message pour toi.
— Pour .... ? C'est sûrement mon frère qui habite en Argentine.

17 *Associez les questions et les réponses.*

1. Bon, moi, je pars tout de suite, tu viens ?
2. Tu viens au cinéma avec moi ?
3. Vous aimez parler avec eux ?
4. Et toi, qu'est-ce que tu fais dans la vie ?
5. Qui a pris le message de Richard ?
6. Nous devons vraiment acheter du pain ?

a. Moi, je suis chirurgien.
b. Et oui, aujourd'hui, c'est à vous d'aller à la boulangerie.
c. Non, pas ce soir, je suis trop fatigué.
d. Oui, je rentre avec toi !
e. Pas trop, ils sont trop superficiels.
f. Elle, je n'étais pas au bureau quand il a téléphoné.

on

18 *À l'aide des dessins, complétez le tableau du pronom personnel "on".*

<table>
<tr><td colspan="2" align="center">**On**</td></tr>
<tr><td colspan="2">**On** peut signifier : **quelqu'un, nous, les gens**</td></tr>
<tr><td>1. _____</td><td>→ On va à la mer, demain ?</td></tr>
<tr><td>2. _____</td><td>→ Dans cette ville, on ne connaît pas la pollution.</td></tr>
<tr><td>3. _____</td><td>→ On vous demande au téléphone.</td></tr>
<tr><td colspan="2">🛈 Le verbe qui suit est à la _____ personne du singulier.</td></tr>
</table>

19 *Indiquez à qui chaque phrase se réfère.*

	nous	les gens	quelqu'un
Exemple : On va au concert ?	X		
1. On ne fume pas chez moi !			
2. On m'a dit qu'il est parti.			
3. On l'achète, maman ?			
4. On m'a laissé un message ?			
5. Qu'est-ce qu'on mange ce soir ?			
6. Au stop, on doit s'arrêter.			
7. On est entré dans la villa des Dubois pendant la nuit.			

20 *Transformez ces phrases en employant le pronom personnel "on".*

Exemple : Nous allons au restaurant, ce soir ?
→ On va au restaurant, ce soir ?

1. Un inconnu a donné de l'argent à Martine.

2. Quelqu'un a frappé à la porte.

3. Nous regardons le match à la télé ?

4. Nous ferons une promenade à la campagne demain ?

5. Les gens votent demain en France.

6. Quelqu'un devra dire la vérité à Joséphine.

7. Nous allons téléphoner à Clémentine pour lui proposer d'aller au cinéma ?

les fêtes en France

21

Observez ce calendrier et retrouvez les dates des fêtes et des jours fériés en France.

JANVIER	FEVRIER	MARS	AVRIL	MAI	JUIN	JUILLET	AOUT	SEPTEMBRE	OCTOBRE	NOVEMBRE	DECEMBRE

(calendrier des douze mois avec les saints du jour)

22

Quand utilise-t-on ces expressions ? Indiquez la date.

Exemple : Meilleurs vœux ! Je vous souhaite une bonne et heureuse année.
→ Le 1er janvier.

1. Joyeuses Pâques ! → ....
2. Poisson d'avril ! → ....
3. Joyeux anniversaire ! → ....
4. Bonne fête maman ! → ....
5. Joyeux Noël ! → ....

23

Associez une date et une fête française à chacune des photos.

1. le premier dimanche de janvier
2. le 14 juillet
3. le 25 décembre
4. le 14 février
5. le 1er mai

a. la Fête du Travail
b. la Fête Nationale
c. Noël
d. la fête des amoureux
e. l'Épiphanie

A	B	C	D	E
5				
a				

24 *À quelle fête peut-on associer ces mots ?*

Exemple : crèpes, masques → Mardi gras, le Carnaval.

poisson
crêpes   1er novembre, la Toussaint
minuit   1er mai, la Fête du Travail
masques   1er janvier, le Jour de l'An
voeux   Pâques
cloches   Mardi gras, le Carnaval
farces   21 juin, la Fête de la Musique
oeufs en chocolat   dernier dimanche du mois de mai, la Fête des Mères
muguet   14 juillet, la Fête Nationale
concerts en plein air   25 décembre, Noël
mère   1er avril
feux d'artifice
chrysanthèmes
sapin
bals
réveillon

Phonétique

les sons [a] /[ã]

 Écoutez ces mots et cochez le son entendu.

	1	2	3	4	5	6	7	8	9	10
[a]										
[ã]										

 Écoutez et soulignez les sons [ã].

Exemple : Il pr<u>en</u>d le métro.

1. Il y a du vent.
2. J'ai le temps de tout faire.
3. Dans un mois, j'aurai quarante ans.

4. Ils adorent faire du camping.
5. Dans sa chambre, tout est rangé.

27 *Complétez le tableau en vous aidant des mots de l'exercice précédent.*

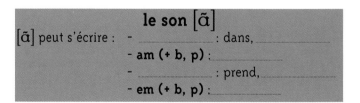

le son [ã]

[ã] peut s'écrire : - _____ : dans, _____
                     - **am (+ b, p) :** _____
                     - _____ : prend, _____
                     - **em (+ b, p) :** _____

28 *Lisez ces phrases en vous aidant du tableau.*

1. Le temps, c'est de l'argent.
2. La femme d'Armand a cinquante ans.
3. On sera contents de t'envoyer cette lettre.
4. Ma tante a tout emporté.

5. Dans un an, elle vivra en Angleterre.
6. Mange ce gâteau aux amandes.
7. Je voudrais cent grammes de farine.

Unité 3
Coups de fil

A. *Écoutez ces annonces en observant ces photos puis indiquez qui les a enregistrées.*

annonce	1	2	3	4
photo	b			

B. *Après une deuxième écoute, corrigez les erreurs de ces messages si nécessaire.*

1. Vous êtes bien chez Lulu et Anne au 05.35.45.39.14. Désolés, mais nous ne sommes pas là. Laissez un message après le bip sonore et nous vous rappelons dès que possible.

2. Bonjour, je rentre après 19h. Dans trois minutes, vous pourrez me laisser un message. Un, deux, trois soleil, c'est à vous !

3. Vous avez appelé l'établissement Informatico. Notre bureau est ouvert de 10h à 17h tous les jours, sauf le samedi et le dimanche. Depuis le 15 de ce mois, nos bureaux sont tranférés au 19, Bd. Raspail. Laissez votre numéro de téléphone, nous vous rappellerons très vite.

4. Bonjour, dans un instant, vous aurez l'occasion de laisser un message amusant, sérieux ou important. Tout le monde est absent. Si vous voulez laisser un message à Marie, Clémentine, Paule ou Jean, vous pouvez le faire après le bip sonore. Merci. Veuillez indiquer aussi le jour de votre appel.

Écoutez ces quatre personnes qui ont laissé des messages sur les quatre répondeurs de l'exercice 1. Puis, complétez le tableau ci-dessous.

Pour Vincent et Carole,
D'accord pour notre rendez-vous de Samedi soir à 20H30.
Retrouvons-nous directement au restaurant "les marches du Moulin"
Nous nous réjouissons de cette soirée
Arnaud

Lexique
rappeler quelqu'un
dans un instant
l'établissement
sauf
le bip sonore
être en panne
joindre quelqu'un
confier quelque chose à quelqu'un

	À qui	Qui	Quand	Pourquoi
1.	Établissement Informatico	Mme Campestre	3 juin, 19h	Son ordinateur est en panne. Elle désire prendre un rendez-vous avec un technicien.
2.				
3.				
4.				

Grammaire

le discours rapporté

Les quatre personnes de l'exercice 2 parlent directement à leur interlocuteur. Écoutez et complétez ces dialogues.

1. — Allô, bonjour, mon ordinateur est en panne.
— .... ? Excusez-moi, je vous entends mal !
— .... mon ordinateur est en panne !
2. — Alors Paule, je t'ai invitée le 31.
— .... tu as décidé ?
— Pardon ? Je n'ai pas compris.
— Je te .... ce que tu as décidé pour le 31 !
3. — Bonjour, notre billet a été annulé. Est-il possible de prendre un billet départ le 30

septembre retour le 30 octobre ?
— Excusez-moi, la ligne est mauvaise !
.... ?
— Nous .... s'il est possible de prendre un autre billet départ le 30 septembre, retour le 30 octobre.
4. — Salut, c'est Max. Alors .... les travaux vont coûter ?
— Quoi ? Répète s'il te plaît !
Je .... les travaux vont coûter.

Le discours rapporté		
"Mon ordinateur est en panne"	Qu'est-ce qu'elle dit ?	**Elle dit que** son ordinateur est en panne.
"Est-ce que je peux prendre un billet ?"	Qu'est-ce qu'elle demande ?	**Elle demande si** elle peut prendre un billet.
"Où est-ce que vous habitez ?"		**Elle demande où** vous habitez.
"Quand est-ce que vous êtes arrivée ?"		**Elle demande quand** vous êtes arrivée.
"Qu'est-ce que tu as décidé ?"		**Elle demande ce que** tu as décidé.
"Combien est-ce que les travaux vont coûter ?"		**Elle demande combien** les travaux vont coûter.

4 *Complétez les phrases selon le modèle.*

> **Exemple :** Marc : — Je ne suis pas au courant.
> → Marc affirme **qu'il n'est pas au courant.**

1. Chantal : — J'ai envoyé toutes les télécopies.
   Chantal précise à son directeur _____
2. Marcel : — Anne, avez-vous téléphoné à l'agence ?
   Marcel demande à Anne _____
3. Jean : — Quand est-ce que tu as invité tes collègues à la maison ?
   Jean demande à sa femme _____
4. Le médecin : — Est-ce que vous êtes fatigué en ce moment ?
   Le médecin demande au patient _____
5. Paul : — Irène, qu'est-ce que tu fais ce soir ?
   Paul demande à Irène _____

 Écoutez les phrases puis transformez-les au style indirect selon le modèle.

> **Exemple :** Où est-ce que vous habitez ?
> → Elle demande à sa collègue où elle habite.

1. Mme Rilk dit à la secrétaire de son dentiste _____
2. Anna demande à son professeur _____
3. Annette dit à son chef _____
4. Marianne demande à ses parents _____
5. Anne demande à son camarade _____
6. Marie dit _____

6 *Complétez le tableau à partir du sondage en utilisant les verbes suivants : "dire", "affirmer", "souligner", "préciser", "raconter" et "expliquer".*

1. 58% : "Notre situation professionnelle est satisfaisante." → 58% des Français affirment que leur situation professionnelle est satisfaisante.

2. 45% : "Nous adorons partir en vacances de neige." → ....

3. 42% : "Nous voulons faire du sport pour rester en forme." → ....

4. 36% : "Nous voulons acheter une maison avec un jardin." → ....

5. 36% : "Nous préférons vivre dans une petite ville, la qualité de vie est meilleure." → ....

6. 27% : "Nous désirons avoir une grande histoire d'amour." → ....

parler au téléphone

7 *Écoutez le dialogue, puis complétez-le en vous aidant du tableau "Parler au téléphone".*

```
pouvoir
je peux       [pø]
tu peux
il/elle/on peut
nous pouvons   [puvɔ̃]
vous pouvez
ils/elles peuvent   [pœv]
passé composé : j'ai pu
futur : je pourrai
```

1. — .... , bonsoir. Tu ne peux plus sortir ?
Ça ne fait rien. .... en fin de semaine. Salut.

2. — Allô, ... Gaston, s'il vous plaît ?
— Oui, ... ?
— De Nathalie.
— Désolé mais il n'est pas là !
— Je .... , merci.

3. — Allô, François ? C'est Nathalie, on sort ce soir ?
— Ce soir, non... Mais demain, on peut aller au cinéma, ou au restaurant... Excuse-moi, mais là, je suis pressé, ... !
— O.K., excuse-moi de t'avoir dérangé. Alors, à demain.

Parler au téléphone

	Celui qui appelle	Celui qui répond
Pour commencer	— Allô ? Maria ?	— Oui, c'est moi.
	— Allô ? Je suis bien chez Monsieur André ?	— Non, c'est une erreur.
	— Bonjour, je voudrais parler à John.	— Qui est à l'appareil ?
Pour parler à quelqu'un	— Est-ce que Pierre est là ?	— Désolé, il n'est pas là. Il est absent.
	— Pouvez-vous me passer le bureau du directeur ?	— C'est pourquoi ? C'est à quel sujet ?
		— À qui voulez-vous parler ?
		— C'est de la part de qui ?
		— Ne quittez pas. Ne raccrochez pas.
	— Je voudrais parler à Lucie.	— Un instant SVP.
Pour finir la conversation	— Bon, je rappellerai plus tard.	— Voulez-vous laisser un message ?
	— Excusez-moi de vous avoir dérangé(e).	— Merci d'avoir appelé.
	— Merci, au revoir, monsieur.	— À bientôt.

8 — Associez les répliques.

1. Bonjour, Henri Mogenot à l'appareil, je voudrais quelques renseignements.
2. Allô, je suis bien au 01.59.26.35.26 ?
3. Tu veux laisser un message ?
4. C'est de la part de qui ?
5. Je voudrais parler à Madame Olive.
6. Il n'est pas là, il rentrera à 18h.

a. Oui, dis-lui que je l'ai appelé.
b. Je vais le rappeler.
c. Ne quittez pas, je vous la passe.
d. Désolé, nos bureaux sont fermés.
e. Non, c'est une erreur.
f. De Pierre Dumaizedier, de la Socromac.

9 — Au téléphone. Complétez ces dialogues.

1. — Allô ? _____ ?
   — Marc Durand.

2. — _____ , je vous le passe !
   — Merci, je reste en ligne.

3. — Vous êtes au 03.87.78.91.31
   — Je regrette, _____ Excusez-moi.

4. — Ici Denis Péchoux. Je désire parler à Madame Martin.
   — _____ ?
   — C'est au sujet de mon contrat de travail.

5. — Il n'est pas là. _____ ?
   — D'accord, dites-lui qu'Étienne a appelé.

10 — Jouez ces scènes par groupes de deux.

1. - Claire demande à parler à Martine.
   - Joël lui dit que Martine est absente et demande à Claire pourquoi elle désire parler à Martine.
   - Claire explique le but de son coup de fil.
   - Joël prend le message et salue Claire.

2. - Omar, un touriste égyptien, appelle un numéro de téléphone pour avoir des renseignements sur les promenades en bateau-mouche et se présente.
   - Un employé de banque répond à Omar qu'il s'est trompé et salue Omar.

3. - Mme Alix, la cliente du docteur Dailloux, appelle la secrétaire du docteur, pour lui demander de déplacer un rendez-vous.
   - La secrétaire dit qu'elle ne peut pas.
   - Mme Alix insiste.
   - La secrétaire accepte finalement, dit qu'elle est pressée, et raccroche.

4. - Un jeune homme qui habite à Tours, appelle le bureau de la SNCF.
   - L'employé le salue et demande ce qu'il veut savoir.
   - Le jeune homme dit qu'il désire avoir des informations sur les horaires de train pour Paris, le matin.
   - L'employé indique les horaires et le salue.
   - Le jeune homme remercie, salue l'employé, et raccroche.

prendre / refuser un rendez-vous

On propose à Agnès des rendez-vous. Après écoute, vérifiez sur cette page d'agenda si elle est libre. Imaginez ses réponses.

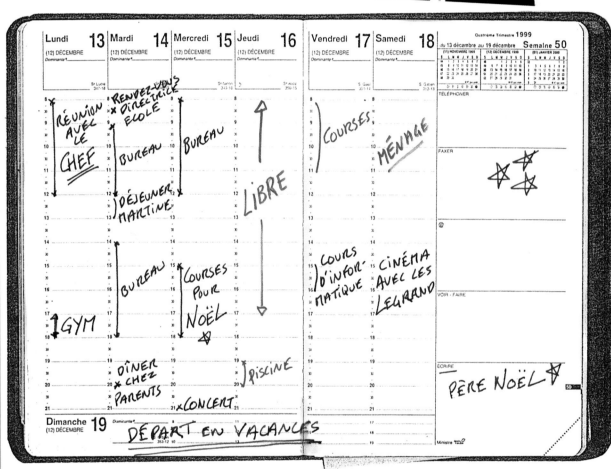

Proposer un rendez-vous	Accepter un rendez-vous
Je voudrais te/vous voir demain.	D'accord !
Ça te/vous dirait d'aller au restaurant ?	Entendu !
Tu es libre ce soir ? Pour un ciné ?	Volontiers, avec plaisir !

Hésiter	Refuser
Attends/Attendez, je réfléchis.	Je regrette, je ne peux pas.
Un instant, je vais voir.	Désolé(e), je ne suis pas libre.
Je ne suis pas sûr(e) d'être libre, je peux te/vous rappeler ?	Dommage, je suis déjà pris(e).

12 *Associez les répliques.*

1. Tu es libre pour le jour de l'an ?
2. Je voudrais t'inviter à la campagne.
3. Vous venez à la piscine ?
4. Je vais courir, dis, tu viens ?
5. Ça te dirait de faire les soldes ?

a. Heu, je vais voir, je ne sais plus où est mon maillot de bain.
b. Je peux te rappeler ? Le footing, ce n'est pas mon truc.
c. Je regrette, mais je n'ai plus d'argent.
d. Dommage, je pars en week-end à Bruxelles.
e. Désolée, mais le 31, je pars aux Antilles.

13 *Jouez ces scènes deux par deux.*

1. Bruno, un jeune homme de 35 ans, propose à Brigitte, une jeune femme de 30 ans de prendre l'apéritif dimanche.
Elle hésite parce qu'elle a d'autres projets.
Bruno demande à Brigitte de le rappeler pour donner une réponse.

2. M. Launay, le directeur d'une agence de publicité, dit à M. Girard, son employé, que la réunion est confirmée lundi prochain à 17h et demande à M. Girard s'il peut venir.
M. Girard s'excuse d'avance de son absence car il sera en vacances.

3. Claude propose à son ami Dominique, étudiant, d'aller écouter une conférence à la faculté.
Dominique hésite puis accepte.
Claude fixe l'heure et l'endroit du rendez-vous et salue Dominique.

les expressions de temps (1)

14 *Lisez ces phrases et indiquez si elles désignent une durée ou un fait ponctuel.*

	Durée	Fait ponctuel
1.		X
2.		
3.		
4.		
5.		

1. Fête des mères, dans une semaine, profitez des promotions !
2. Je suis revenu chez moi, il y a cinq ans.
3. Je me promène depuis une heure.
4. J'ai travaillé pendant tout l'après-midi.
5. Il est né en 1977.

Les expressions de temps (1)

DURÉE

1. Depuis
indique le début d'une action qui continue.
→ J'habite à Paris **depuis** dix ans.

2. Pendant
indique une durée déterminée.
→ J'ai étudié le français **pendant** cinq ans.

❗ On peut aussi dire :
J'ai étudié le français cinq ans.

MOMENT PRÉCIS

1. Il y a
indique un moment précis dans le passé.
→ J'ai vu ce film **il y a** trois jours.

2. Dans
s'emploie avec une idée de futur.
→ Il rentrera **dans** une semaine.

3. En
indique une date précise.
→ L'euro a été introduit **en** 1999.

15 *Complétez avec des expressions de temps : "depuis", "en", "il y a", "pendant", "dans".*

1. — Depuis quand travailles-tu ?
   — .... dix ans.
   — Tu as commencé quand dans cette entreprise ?
   — J'ai commencé à travailler .... 5 ans, en 1995.

2. — Vous arrivez quand ?
   — Je pense que nous arriverons .... trois jours.

3. — Depuis quand prépares-tu le dîner ?
   — Oh, ... une heure.

4. — Quand commence-t-il ses cours de piano ?
   — Il commence .... septembre.

5. — Qu'est-ce que vous avez fait .... août ?
   — Oh, nous sommes restés .... une semaine à New York puis nous sommes allés à Boston.

16 *Utilisez l'expression correcte.*

Exemple : depuis/il y a

a. Je voyage _____ deux jours. → Je voyage **depuis** deux jours.

b. J'ai écrit à Marc _____ deux jours → J'ai écrit à Marc **il y a** deux jours.

1. depuis/il y a

a. _____ mon retour, je suis malade

b. _____ dix jours, j'ai été malade.

2. dans/en

a. Il partira _____ avril.

b. Il partira _____ cinq mois.

3. depuis /il y a /en /dans

a. _____ trois mois, j'ai été hospitalisé. Maintenant, je vais bien.

b. _____ trois mois, je suis à l'hôpital.

c. Ils sont mariés _____ un an. Plus exactement, ils se sont mariés _____ 10 mois aux Etats-Unis.

d. _____ 1975, ils habitent ici .

e. Il est né _____ 1975.

17 *Voici la biographie de Daniel Lefèvre. Répondez aux questions avec des expressions de temps.*

1968 : diplôme de psychologie (Québec)
1969 : mariage
1975 : stage en France
1976 : ouverture d'un cabinet de psychologue
1977-79 : Espagne
1980 : naissance de son premier enfant
1990 : départ pour l'Australie
Aujourd'hui, octobre 2002, Daniel Lefèvre travaille en France. Il est psychologue. Il est marié et a deux enfants. Il va publier en 2003 un livre de psychologie.

1. Quand a-t-il obtenu son diplôme de psychologie ?

2. Combien de temps a-t-il vécu en Espagne ?

3. Quand est-il parti en Australie ?

4. Depuis quand a-t-il un cabinet de psychologue ?

5. Dans combien de temps publiera-t-il son livre ?

6. Depuis quand est-il père ?

7. Quand s'est-il marié ?

le téléphone en France

Faites correspondre les documents aux phrases que vous entendez.

b

1 Décrochez le combiné, attendez la tonalité.

2 Insérez la télécarte, recto vers le haut.

3 Sur l'écran, apparaît le nombre d'unités restantes

4 Composez le numéro de votre correspondant.

5 Si vous voulez faire un autre appel après le premier, appuyez sur le bouton vert sans ôter la télécarte.

6 Après avoir terminé, raccrochez, reprenez votre carte.

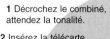

Trouver le plus grand choix de télécartes ?

a Télécarte 120

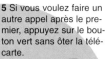

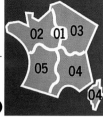

02 01 03
05 04
04

d

Pour avoir une messagerie sur votre téléphone.
Top Message

TÉLÉPHONES D'URGENCE

SAMU
📞 15.

Sapeurs-pompiers
📞 18.

Police et gendarmerie
e 📞 17.

Pour prendre un autre appel quand vous êtes déjà en ligne. *Le Signal d'Appel*

c

f

g

phrase	1	2	3	4	5	6	7
document							

les sons [o] / [õ]

Écoutez ces mots et cochez le son entendu.

	Exemple	1	2	3	4	5	6	7	8	9
[o]										
[õ]	**X**									

Écoutez et soulignez les sons [õ].
Exemple : J'adore les b<u>on</u>b<u>on</u>s.

1. Il fait chaud, prends des glaçons.
2. Sur le pont d'Avignon, on y danse, on y danse...
3. Quelle combine !
4. Je me suis trompé en comptant.
5. Votre hôtel est près de Montmartre.

21 Complétez le tableau en vous aidant des mots de l'exercice précédent .

[õ]		
[õ] peut s'écrire	- _____ : bon, _____	
	- **om** (+b,p) : _____	

[o]		
[o] peut s'écrire	- **eau** : beau	
	- _____ : autobus	
	- **o** : _____	
	- **ô** : _____	

DELF

ORAL

1 Par groupes de deux, préparez ces conversations téléphoniques et jouez-les devant la classe :

a. Vous avez dîné hier soir au restaurant "chez Lili" et vous avez oublié votre agenda.
Vous parlez avec le directeur du restaurant, vous décrivez l'objet et vous expliquez où vous l'avez oublié.

b. Vous recherchez un appartement. Vous avez lu cette petite annonce et vous téléphonez au propriétaire pour avoir plus de renseignements.

> part. loue appt 3, place d'Orléans F4 tt cft jardin
> 850 € TTC Tél.: 0144676459

Vous êtes Jules Farrand. Vous modifiez la page de votre agenda de la semaine prochaine en fonction de ces trois messages enregistrés sur votre répondeur téléphonique.

	Lundi 3	Mardi 4	Mercredi 5	Jeudi 6	Vendredi 7	Samedi 8	Dimanche 9
MATIN	M. Dinand arrive à 9H30 à Roissy vol AZ 344 (aller le chercher)	10H Dentiste		Départ pour Lille	Lille	à la campagne avec les cousins : Week-end à Rambouillet	
APRÈS-MIDI	14H30 18H30 réunion avec M. Dinand et Mme Ramirez	Corriger le rapport		Lille	Retour à Paris	21H réception chez Pascale et Raymond Duvos (Rambouillet)	Retour à Paris.

ÉCRIT

3 Vous écrivez à vos amis Duvos, qui vous ont invité à une réception dans leur maison de Rambouillet samedi prochain, en refusant l'invitation. Expliquez les raisons de votre refus.

Travailler avec le CD audio

Unité 1 08

PETITES ANNONCES

Activité 1 P. 73 Exercice 3

1. Je vous appelle pour l'annonce qui demande une jeune femme pour garder un bébé.
2. Vous avez l'habitude d'enfants aussi jeunes que ça ?
3. Oui, j'ai des références que je peux vous montrer.
4. Je voudrais faire garder mon cocker. Il est jeune, c'est un chien très affectueux.
5. Oh, c'est plus cher qu'à Paris.

LES ADJECTIFS QUALIFICATIFS

Activité 2 P. 73 "Les adjectifs qualificatifs"

1. Un grand immeuble, une grande femme.
2. Un village voisin, une ville voisine.
3. Un garçon sympathique, une fille sympathique.
4. Un bon exercice, une bonne nouvelle.
5. Un produit naturel, une attitude naturelle.
6. Un cahier neuf, une voiture neuve.
7. L'an dernier, l'année dernière.
8. Un article sérieux, une adolescente sérieuse.
9. Un examen blanc, une page blanche.

Activité 3 P. 74 Exercice 6

1. Marie est grande ? Non, mais son frère est grand.
2. Henri est précis ? Non, mais sa secrétaire est précise.
3. Luc est généreux ? Non, mais Claire est généreuse.

Activité 4 P. 74 "La place des adjectifs"

1. C'est une décision gouvernementale.
2. Bon anniversaire, Marc !
3. Mercredi dernier, je l'ai vu.
4. La semaine prochaine, je vais à la mer.

Activité 5 P. 75 Exercice 8

1. Joyeux Noël et bonne année Jacques !
2. Qui est cette dame blonde ?
3. C'est Sylvie, une nouvelle collègue, elle est vraiment sympathique.

COMPARER

Activité 6 P. 75 "Comparer"

1. Ludovic est aussi petit que Sylvain.
2. Ludovic est plus gros que Sylvain.
3. Ludovic et Sylvain sont moins gros que Charles.
4. Anne a autant de clients que Chantal.
5. Anne et Chantal ont moins de clients que Mireille.
6. Mireille a plus de clients que Chantal et Anne.

Activité 7 P. 76 Exercice 11

1. La première veste est plus élégante que la veste en velours marron.

2. Elle est moins confortable que la veste marron.
3. Elle a autant de boutons que la veste marron.

DÉCRIRE UNE PERSONNE / UN OBJET

Activité 8 P. 77 "Décrire une personne"

1. Qui est-ce ?
2. C'est Pierre, un ami de Samuel.
3. C'est un architecte japonais.
4. Comment est-il ? Comment est-elle ?
5. Il est grand, beau et sympathique.
6. Elle est jolie et agréable.
7. Il a les yeux verts, il a l'air sympathique.
8. Il pèse 75 kilos, il mesure 1m 80.

Activité 9 P. 78 Exercice 14

1. C'est un homme, il est grand, mince, il a des moustaches et il porte un costume.
2. C'est une petite fille, elle a l'air joyeux, elle porte une robe courte, elle a les cheveux courts et des lunettes.

Activité 10 P. 78 "Décrire un objet"

1. Qu'est-ce que c'est ?
2. C'est une radio.
3. Comment est-elle ?
4. Elle est grande, ronde et jaune.

LES PRONOMS RELATIFS

Activité 11 P. 79 "Les pronoms relatifs"

1. J'achète un livre qui est cher.
2. Ils se retrouvent au café que Jean connaît.
3. C'est une personne qui est intelligente.
4. C'est l'ami qu'il préfère rencontrer.

Activité 12 P. 79 Exercice 19

1. J'aime cette ville qui a beaucoup de monuments.
2. J'aime cette ville que tu ne connais pas.
3. Ce sont des endroits qui sont magnifiques.
4. Ce sont des endroits que j'adore.

LES SONS $[\varepsilon]$ et $[\tilde{\varepsilon}]$

Activité 13 P. 80 "les sons $[\varepsilon]$ / $[\tilde{\varepsilon}]$"

1. J'adore le pain frais.
2. Il a très faim.
3. Viens, je t'inscris au club de gymnastique.
4. Il revient dès la fin du mois.
5. C'est impossible à faire.

CONJUGAISON

Activité 14

1. Savoir : je sais, nous savons, ils savent.
2. J'ai su, nous n'avons pas su.

Unité 2 09

INVITATIONS

Activité 1 P. 81 Exercice 1

1. Nous passerons une soirée amusante.
2. Le cocktail aura lieu à partir de 19 heures.
3. On va faire du patinage.
4. J'espère que tu viendras.
5. J'espère que vous pourrez venir et vos enfants aussi.

LE FUTUR SIMPLE

Activité 2 P. 82 "Le futur simple"

1. Je passerai, tu passeras, il passera, nous passerons, vous passerez, ils passeront.
2. J'aurai, je serai, je devrai, je voudrai.
3. Je pourrai, j'irai, je viendrai, je saurai.
4. Je verrai, j'enverrai, je ferai, je recevrai, il faudra.

Activité 3 P. 83 Exercice 5

1. Il choisira et il enverra le cadeau.
2. Il ira au mariage.
3. Il participera à la réception.
4. Il sera bien habillé.
5. Il boira du champagne et il rencontrera les autres invités.

PARLER DE L'AVENIR

Activité 4 P. 84 "Parler de l'avenir"

1. Cet après-midi, je vais à la piscine avec mon père.
2. Nous allons applaudir très fort les chanteurs.
3. Est-ce que tu partiras en vacances cet été ?

Activité 5 P. 85 Exercice 9

1. Je vais déjeuner avec Roland.
2. Cet après-midi, je vais visiter les nouveaux bureaux.
3. À 17h30, je vais aller chez le dentiste.
4. De 17h à 19h je vais attendre un appel de New-York.

ACCEPTER / REFUSER UNE INVITATION ÉCRITE

Activité 6 P. 86 Exercice 13

1. Chère Paule, j'ai été ravie de recevoir ta lettre.
2. Je te remercie de ton invitation à Biarritz.
3. Malheureusement, en ce moment, beaucoup de collègues sont malades.
4. Et je ne pourrai pas prendre de jours de vacances.
5. J'espère te revoir bientôt.
6. Bien amicalement, Joséphine.

LES PRONOMS TONIQUES

Activité 7 P. 87 "Les pronoms toniques"

1. Vous, vous avez une belle voiture.
2. Chez eux, il y a toujours du bruit.
3. Et oui, pour nous, cet exercice est fatigant.

Activité 8 P. 87 Exercice 15

1. Elles, elles le détestent.
2. Oh, moi, je l'adore !
3. Eux, ils ne l'aiment pas du tout.
4. Nous, nous pensons qu'elle est moderne, c'est une imitation.

ON

Activité 9 P. 88 "On"

1. On va à la mer, demain ?
2. Dans cette ville, on ne connaît pas la pollution.
3. On vous demande au téléphone.

Activité 10 P. 88 Exercice 20

1. On a frappé à la porte.
2. On regarde le match à la télé ?
3. On vote demain en France.

LES SONS [a] / [ɑ̃]

Activité 11 P. 90 Exercice 28

1. Le temps, c'est de l'argent.
2. La femme d'Armand a cinquante ans.
3. Dans un an, elle vivra en Angleterre.
4. Mange ce gâteau aux amandes.
5. Je voudrais cent grammes de farine.

CONJUGAISON

Activité 12

1. Recevoir : je reçois, nous recevons, ils reçoivent.
2. J'ai reçu, vous n'avez pas reçu.
3. Je recevrai.
4. Attendre : j'attends, nous attendons, ils attendent.
5. Tu as attendu, il n'a pas attendu.
6. J'attendrai.

Unité 3 10

COUPS DE FIL

Activité 1 📖 P. 91 Exercice 1
1. Mon mari dit que c'est un problème de modem.
2. Mais il demande combien les travaux vont coûter exactement.
3. Désolé, mais nous ne sommes pas là.
4. Je rêve de ces vacances depuis si longtemps.
5. Tu es libre ?
6. Depuis le 15 de ce mois, nos bureaux sont transférés boulevard Raspail...
7. Bonjour, dans un instant, vous pourrez me laisser un message.

LE DISCOURS RAPPORTÉ

Activité 2 📖 P. 93 "Le discours rapporté"
1. Elle dit que son ordinateur est en panne.
2. Elle demande si elle peut prendre un billet.
3. Elle demande où vous habitez.
4. Elle demande quand vous êtes arrivée.
5. Elle demande ce que vous avez décidé.
6. Elle demande combien les travaux vont coûter.

Activité 3 📖 P. 93 Exercice 5
1. Elle demande à sa collègue où elle habite.
2. Mme Rilk dit à la secrétaire de son dentiste qu'elle annule son rendez-vous.
3. Anna demande à son professeur s'il peut répéter.
4. Anne demande à sa camarade ce qu'elle veut faire demain.

PARLER AU TELEPHONE

Activité 4 📖 P. 94 "Parler au téléphone"
1. – Allô ? Maria ?
   – Oui, c'est moi.
2. – Allô ? Je suis bien chez Monsieur André ?
   – Ah...non, c'est une erreur.
3. – Bonjour, je voudrais parler à John !
   – Qui est à l'appareil ?
4. – Est-ce que Pierre est là ?
   – Désolé, il n'est pas là. Il est absent.
5. – Pouvez-vous me passer le bureau du directeur ?
   – C'est à quel sujet ?
6. – C'est pourquoi ?
7. – C'est de la part de qui ?
8. – Je voudrais parler à Lucie.
9. – Ne quittez pas.
10. – Bon, je rappellerai plus tard.
11. – Voulez-vous laisser un message ?
12. – Excusez-moi de vous avoir dérangé !

Activité 5 📖 P. 95 Exercice 10
1. Allô, Joël, c'est Claire, je voudrais parler à Martine.
2. Désolé, elle n'est pas là, tu veux laisser un message ?

3. C'est pour la gym, est-ce que Martine peut venir pour l'inscription demain matin à 8h ?
4. Ok, j'ai noté, salut, Claire.

PRENDRE/REFUSER UN RENDEZ- VOUS

Activité 6 📖 P. 96 "Proposer / accepter / hésiter / refuser"
1. Ça te dirait d'aller au restaurant ?
2. Entendu !
3. Volontiers, avec plaisir !
4. Attends, je réfléchis.
5. Je regrette, je ne peux pas.
6. Dommage, je suis déjà pris.

Activité 7 📖 P. 97 Exercice 13
1. Dis, Brigitte, ça te dirait d'aller prendre un apéritif, dimanche ?
2. Heu, attends, je réfléchis, j'ai promis à ma mère de passer la soirée avec elle !
3. Bon, alors rappelle-moi pour me donner une réponse !

LES EXPRESSIONS DE TEMPS (1)

Activité 8 📖 P. 98 "Les expressions de temps"
1. J'habite à Paris depuis dix ans.
2. J'ai étudié le français pendant cinq ans.
3. J'ai étudié le français cinq ans.
4. J'ai vu ce film il y a trois jours.
5. Il rentrera dans une semaine.
6. L'euro a été introduit en 1999.

Activité 9 📖 P. 98 Exercice 15
1. Je suis secrétaire depuis dix ans.
2. J'ai commencé à travailler dans cette entreprise il y a cinq ans.
3. Je pense que nous arriverons dans trois jours.
4. Il commence en septembre.

LES SONS [o] / [ɔ̃]

Activité 10 📖 P. 100 "les sons [o] / [ɔ̃]"
1. Ils sont très beaux, ces avions de collection.
2. On n'a pas eu de compotes.
3. Ce sont des histoires drôles qu'on peut raconter aux enfants.
4. Le contrôleur a vérifié ta réservation.
5. Les voyageurs du vol AF60 pour Barcelone sont attendus au bureau de la compagnie Air France.

CONJUGAISON

Activité 11
1. Pouvoir : Je peux, nous pouvons, ils peuvent.
2. J'ai pu, nous n'avons pas pu.
3. Je pourrai.

DOSSIER 4

Voyages

Unité 1
Projets de voyage

ALPES FRANÇAISES
Vacances d'hiver

Les villes... d'Espagne

La Grèce, terre des dieux...

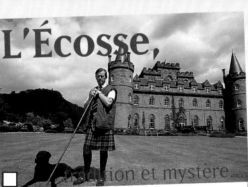

L'Écosse, tradition et mystère...

Voyages au Maroc

Visitez le Portugal !

> **partir**
> je pars
> tu pars
> il/elle/on part
> nous partons
> vous partez
> ils/elles partent
> **passé composé** : je suis parti
> **futur** : je partirai

> **Lexique**
> emmener - le mensonge - bronzer
> la brochure - louer

A. *Cochez les photos des pays qui sont évoqués.*

B. *Réécoutez les dialogues et répondez aux questions, en cochant la bonne réponse :*

Dialogue 1
Que répond Béatrice à la proposition de Chantal ?
☐ Elle ne veut pas partir.
☐ Elle ne peut pas partir.
☐ Elle est contente de partir.

Dialogue 2
Quel temps fait-il en Écosse en juin selon l'employée ?
☐ Il ne fait pas beau.
☐ Il ne fait pas chaud, mais il y a du soleil.
☐ Il fait très beau et très chaud.

Dialogue 3
Quels sont les pays dont parle l'employée de l'agence ?
☐ L'Italie, la France et l'Allemagne.
☐ La Suisse, l'Autriche et la France.
☐ L'Italie, la Suisse et l'Autriche.

Dialogue 4
Pourquoi les deux amis choisissent le Portugal ?
☐ Parce qu'ils préfèrent des vacances tranquilles.
☐ Parce qu'ils n'aiment pas les pays nordiques.
☐ Parce qu'ils connaissent déjà les pays nordiques.

Dialogue 5
Que pense M. Rinaldet du voyage en Grèce ?
☐ Que les élèves connaissent mal la mythologie grecque.
☐ Qu'il est trop cher.
☐ Qu'il ne fera pas beau en Grèce à Pâques.

Grammaire

les pays

2 *Complétez ce tableau en donnant comme exemples les noms de pays figurant sur les brochures de l'exercice 1.*

Le genre des noms de pays		
Masculin singulier : noms qui se terminent par **1. une consonne :** .... **2. a, i, o** : le Kenya.	**Féminin singulier :** noms qui se terminent par **e** .... ❶ le Mexique, **le** Mozambique, **le** Zaïre, **le** Cambodge	**Pluriel :** **les** États-Unis (masculin) **les** Philippines (féminin)

Écoutez ces dix personnes et soulignez le nom des pays évoqués dans la liste ci-dessous.

l'Allemagne - le Royaume-Uni - l'Argentine - le Chili - la Chine - l'Égypte - les Etats-Unis -
l'Inde - l'Italie - le Japon - le Koweit - le Liban - le Mali - le Mexique - le Pakistan - le Paraguay
les Philippines - la Pologne - la Russie - la Suisse - la Syrie - la Thaïlande - l'Uruguay

4 *Complétez ces dialogues avec "le", "la", "l'", "les".*

1. — Tu connais l'agence "Aventures dans le monde" ?
   — Oui, cet été, je suis parti avec eux. J'ai visité _____ Turquie et _____ Grèce.
2. — Tu peux me dire quelque chose des pays scandinaves ?
   — J'ai visité un peu _____ Danemark, mais je ne connais ni _____ Suède ni _____ Norvège.
3. — Tu connais _____ Italie du sud ?
   — Je sais que c'est un très beau pays mais qu'en été il fait très chaud.
4. — Dans deux ans, j'aimerais visiter _____ États-Unis.
   — Oh, mais où est-ce que tu vas trouver tout cet argent ?
5. — Ton voyage va durer quinze jours. Qu'est-ce que tu réussiras à visiter ?
   — Sûrement _____ Argentine et, peut-être, _____ Brésil.

 Réécoutez l'enregistrement de l'exercice 3 puis complétez ce tableau.

Les prépositions avec les noms de pays

	MASCULIN SINGULIER	FÉMININ SINGULIER	PLURIEL
aller, être, passer un mois, partir, vivre, habiter, naître	**au**	**en**	**aux**
venir, rentrer, revenir, être originaire	**du**	**de/d'**	**des**

(!) Avec les noms de pays masculins commençant par une voyelle ou par "h" muet, on emploie les mêmes prépositions de lieu que pour les noms de pays féminins :
Il est né **en** Iran. Il est originaire **d'**Iraq.

6 *Par groupes de trois, complétez ces phrases par un nom de pays précédé d'une préposition. Le groupe le plus rapide gagne.*

1. En 1492, Christophe Colomb est parti **d'Espagne.**
2. Le siège du Parlement Européen se trouve _____
3. Le jeu du cricket est né _____
4. Les jeans ont été fabriqués pour la première fois _____
5. Karen Blixen a passé son enfance _____
6. Le judo est né _____
7. Les premiers Jeux Olympiques modernes ont eu lieu en 1896 _____
8. Sigmund Freud a travaillé _____
9. Le peintre Van Gogh a vécu pendant presque toute sa vie _____
10. La cérémonie des Oscars a lieu chaque année _____
11. Le siège de l'O.N.U. se trouve _____
12. La chanteuse Céline Dion est originaire _____
13. Les Beatles sont originaires _____
14. Maastricht se trouve _____

exprimer l'opinion

 7 Dans chacun de ces dialogues, une personne propose un programme et la deuxième personne donne un avis positif ou négatif. Cochez la bonne réponse en vous aidant des expressions ci-dessous.

Exprimer l'opinion

Exprimer un avis positif	**Exprimer un avis négatif**
C'est beau, c'est bien, c'est juste, c'est vrai.	Il me semble que tu as tort.
	À mon avis, c'est faux.
Je pense que tu as raison.	Je pense que tu te trompes.
Ça me plaît.	Je déteste cette idée.
Je suis pour.	Pas du tout, je suis contre.
Ton idée est géniale.	C'est fatigant, c'est épuisant, c'est
J'adore ta proposition.	trop dur.
Pourquoi pas ?	Je préfère un autre programme.

	avis positif	avis négatif
1.		X
2.		
3.		
4.		
5.		
6.		

8 Voici une série d'affirmations. Donnez votre opinion en vous aidant du tableau "Exprimer son avis" et justifiez-la.

Exemple : Je crois que la nouvelle génération aura moins de problèmes de travail !
→ Oh oui, je pense que tu as raison !

1. J'adore le cinéma américain !

2. L'introduction de l'euro est très importante pour l'Europe !

3. Internet est une invention extraordinaire !

4. Aller sur la lune, c'est facile !

5. La Tour Eiffel, c'est affreux !

6. La télé, c'est génial pour les enfants !

7. La planche à voile, c'est un sport dangereux !

8. Les voyages en avion, c'est trop cher !

9 Le jeu du "pour" et du "contre".
1. Choisissez un thème de discussion dans la liste ci-dessous et divisez la classe en deux groupes, le groupe "pour" et le groupe "contre". Trois élèves formeront le jury.
2. Chaque groupe devra préparer en dix minutes une série d'opinions sur le thème choisi. Opinions positives pour le groupe "pour" et opinions négatives pour le groupe "contre".
3. À tour de rôle, les joueurs donneront leur avis.
4. À la fin, le jury devra décider quel groupe a donné les arguments les plus efficaces.

Exemple : Thème choisi : l'introduction de l'heure d'été.
Groupe "pour" : J'adore le ciel bleu quand je quitte le bureau.
Groupe "contre" : Je déteste sortir le matin quand il fait nuit.

1. l'introduction de l'heure d'été
2. la suppression des frontières en Europe
3. l'énergie solaire
4. le service militaire
5. l'ordinateur à la maison
6. les compétitions sportives
7. l'enseignement à distance
8. les livres et les musées sur CD Rom
9. le vote à 16 ans

parler du climat

Lisez le tableau "Décrire le climat", écoutez les prévisions météorologiques de vendre-di, samedi et dimanche prochains en France et indiquez, en bas de chaque carte géographique, le jour de la semaine correspondant.

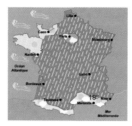

Pour des vacances sans nuages

Décrire le climat

Quel temps fait-il ?

il fait beau - il fait chaud - il fait froid - il fait 30° - le ciel est bleu

le ciel est nuageux - il pleut - il neige - il y a du soleil  - il y a du vent

il y a du brouillard - la mer est calme - la mer est agitée

11 *Quel temps prévoit-on en Europe pour demain ?*
Répondez à ces questions en regardant la carte ci-dessous.

1. Dans quelle ville d'Europe est-ce que je devrai aller demain pour trouver du soleil?
2. Quel temps fera-t-il à Lisbonne ?
3. Et à Budapest ?
4. Y aura-t-il du soleil en France ?
   Si oui, dans quelle région ?
5. Quelles seront les villes les plus froides d'Europe ?
6. Et les villes avec la température la plus élevée ?
7. Ces prévisions météorologiques correspondent
   au début d'une saison. Laquelle, selon vous ?

PRÉVISIONS

Ville par ville, les minima/maxima de température et l'état du ciel. S : ensoleillé; N : nuageux; C : couvert; P : pluie; * : neige.

FRANCE METROPOLE		EUROPE	
AJACCIO	8/16 P	AMSTERDAM	5/10 C
BIARRITZ	7/11 P	ATHENES	10/17 N
BORDEAUX	6/13 P	BARCELONE	9/16 P
BOURGES	7/12 P	BELFAST	2/8 N
BREST	6/11 P	BELGRADE	5/18 N
CAEN	6/11 C	BERLIN	6/16 N
CHERBOURG	5/11 P	BERNE	2/13 C
CLERMONT-F.	7/13 P	BRUXELLES	5/10 C
DIJON	8/12 P	BUCAREST	2/16 S
GRENOBLE	8/14 P	BUDAPEST	4/15 C
LILLE	6/11 C	COPENHAGUE	6/9 C
LIMOGES	6/11 P	DUBLIN	2/8 N
LYON	9/12 P	FRANCFORT	8/13 C
MARSEILLE	10/15 P	GENEVE	1/10 C
NANCY	8/12 P	HELSINKI	0/4 C
NANTES	6/11 P	ISTANBUL	5/12 S
NICE	8/14 P	KIEV	1/8 S
PARIS	8/12 C	LISBONNE	9/15 N
PAU	6/11 P	LIVERPOOL	3/9 N
PERPIGNAN	9/14 P	LONDRES	5/11 N
RENNES	6/11 P	LUXEMBOURG	5/10 C
ST-ETIENNE	7/12 P	MADRID	4/12 C
STRASBOURG	8/14 C	MILAN	7/13 P
TOULOUSE	6/11 P	MOSCOU	−3/5 C
TOURS	6/11 P	MUNICH	2/18 C
		NAPLES	10/17 N
		OSLO	−2/4 P
		PALMA DE M.	8/14 P
		PRAGUE	4/16 S
		ROME	11/17 P
		SEVILLE	7/18 N
		SOFIA	−2/13 N
		ST-PETERSB.	2/4 C
		STOCKHOLM	4/7 C
		TENERIFE	12/16 N
		VARSOVIE	5/15 N
		VENISE	9/13 C
		VIENNE	5/15 N

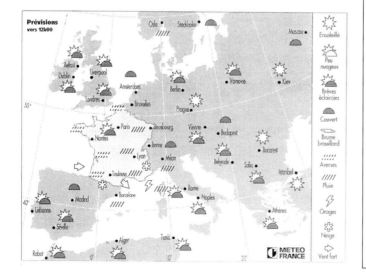

Prévisions vers 12h00

Ensoleillé
Peu nuageux
Brèves éclaircies
Couvert
Brume brouillard
Averses
Pluie
Orages
Neige
Vent fort

METEO FRANCE

les pronoms compléments d'objet direct

12 *Observez les dessins, complétez la grille en écrivant dans la première colonne le pronom personnel, et dans la deuxième ou troisième colonne le nom de la personne ou de l'objet qu'il remplace.*

1. Mes enfants, je **les** adore !

2. Vous **me** comprenez ?

3. On peut **vous** aider ?

4. Je **l'**offre à ma femme.

5. Je **le** veux, maman !

	pronom personnel	qui ?	quoi ?
1.	les	les enfants	
2.			
3.			
4.			
5.			

13 *Complétez ces phrases avec des pronoms compléments d'objet direct à l'aide des verbes ci-dessous au présent de l'indicatif :*

Exemples : Tes amis ? → Je les aime tous.

Mes disques de rock ? → Je ne les écoute pas souvent.

1. Ma fiancée ? _____

2. Mes oncles ? _____

3. Les histoires drôles ? _____

4. Mes collègues ? _____

5. Cette voiture ? _____

6. Mes problèmes d'argent ? _____

7. Le cadeau de mes parents ? _____

écouter, aimer,
remercier, oublier,
raconter, acheter,
connaître, recevoir,
rencontrer

Les pronoms compléments d'objet direct (1)

Anne comprend **Mathilde.** → Anne **la** comprend.

Le directeur salue **le journaliste.** → Le directeur **le** salue.

Paul aime beaucoup **sa femme.** → Paul **l'**aime beaucoup.

Le professeur interroge **les élèves.** → Le professeur **les** interroge.

(!) **1.** Quand le verbe commence par une voyelle ou un h muet, **le** ou **la** devient **l'** :

Le cinéma italien, je **l'**adore.

2. À la forme négative, le pronom reste devant le verbe :

Il **n'**écoute **plus** ces émissions → Il ne **les** écoute plus.

14 *Christiane est la soeur de David. Ils sont à Paris pour leurs études et partagent le même appartement, mais ils ne s'entendent pas : Christiane aime tout ce que David déteste et vice-versa. Ils expliquent les raisons de leur désaccord à Jules, un ami qui cherche à les aider. Complétez ce dialogue, en utilisant les pronoms personnels "le", "la", "l'" et "les".*

> **Exemples :** David : J'aime les animaux !
> → Christiane : Moi, je les déteste !
> David : Je ne regarde jamais la télé.
> → Christiane : Moi, je la regarde tous les soirs !

L'ANNIVERSAIRE DE MAMAN, JE NE L'OUBLIE **PAS**.

1. David : Je n'aime pas la voisine, elle est trop bruyante.
Christiane : _____

2. David : Je ne supporte pas l'odeur du café.
Christiane : _____

3. David : Je nettoie toujours la salle de bains avant de sortir.
Christiane : _____

4. David : Le dîner, moi, je ne le prépare jamais !
Christiane : _____

5. David : L'anniversaire de maman, je ne l'oublie pas !
Christiane : _____

6. David : Je ne fais jamais le ménage.
Christiane : _____
Jules : Bon, moi, vos histoires, je ne les supporte plus. Alors, salut !

15 *À l'aide du tableau des pronoms compléments, complétez ces dialogues avec "me (m')", "te (t')", "nous" et "vous".*

1. — Au revoir, Nathalie.
— Au revoir, Cécile et merci de _____ avoir appelée.

2. — Pourquoi vous êtes si peu patients avec votre petite soeur ?
— Mais, maman, elle _____ dérange tout le temps.

3. — Je _____ prie d'excuser l'absence de ma fille.
— Mais vous savez, madame, Irène est souvent absente en ce moment.

4. — Je _____ trouve très pâle en ce moment, tu vas bien ?
— Oh oui, Sylvie, je suis juste un peu fatigué.

5. — Je _____ admire vraiment pour ton courage.
— Merci, Jérôme, tu es vraiment un ami pour moi, tu sais.

6. — Ma fille est encore en retard, pourtant elle _____ connaît et elle sait que je ne supporte pas ça.
— Mais, un peu d'indiscipline, c'est normal à son âge, tu ne trouves pas ?

> ### Les pronoms compléments d'objet direct (2)
>
> Il **me** voit / Il **m'**admire.
> Elle **te** regarde / Elle **t'**aime.
> On **nous** salue.
> Nous **vous** excusons.

des lieux à visiter

16 *Attribuez à chaque site ou monument indiqué sur cette carte son nom en vous aidant de la liste indiquée.*

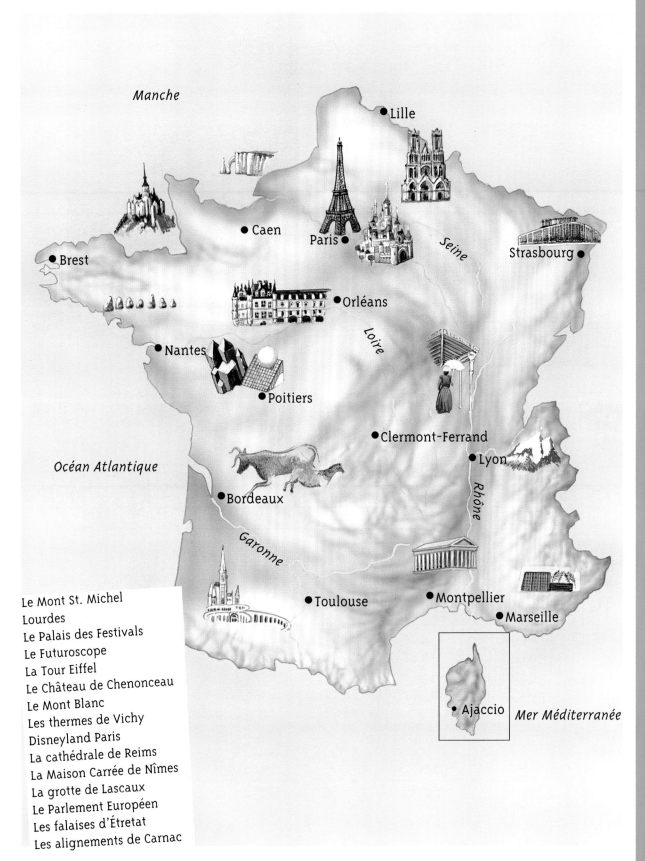

Manche

Lille

Caen

Brest

Paris

Seine

Strasbourg

Orléans

Loire

Nantes

Poitiers

Océan Atlantique

Clermont-Ferrand

Lyon

Bordeaux

Rhône

Garonne

Toulouse

Montpellier

Marseille

Le Mont St. Michel
Lourdes
Le Palais des Festivals
Le Futuroscope
La Tour Eiffel
Le Château de Chenonceau
Le Mont Blanc
Les thermes de Vichy
Disneyland Paris
La cathédrale de Reims
La Maison Carrée de Nîmes
La grotte de Lascaux
Le Parlement Européen
Les falaises d'Étretat
Les alignements de Carnac

Ajaccio

Mer Méditerranée

Indiquez les destinations que l'employée de l'Office du Tourisme conseille à ses clients.

Exemple : La Tour Eiffel

1. ....
2. ....
3. ....
4. ....
5. ....

Office du tourisme de Paris :

127, Avenue des Champs Élysées
75 008 Paris

Tél : 08 36 68 31 12   Fax : 01 49 52 53 00
www.paris-touristoffice.com

Phonétique

les sons [b] / [v]

Écoutez et cochez le son entendu.
Exemple : <u>V</u>incent est <u>v</u>enu.

	Exemple	1	2	3	4	5	6	7
[b]								
[v]	X							

Cochez la phrase que vous avez entendue.

1. ☐ Ils s'en vont.
   ☐ Il sent bon.
2. ☐ C'est en bois.
   ☐ Cet envoi.
3. ☐ Quel beau bain !
   ☐ Quel bon vin !
4. ☐ C'est si bien !
   ☐ C'est Sylvain !
5. ☐ Regarde ce balai.
   ☐ Regarde ce valet.

Écoutez ces phrases, écrivez-les, puis lisez-les.

1. ....
2. ....
3. ....
4. ....
5. ....

Unité 2
Vacances sportives

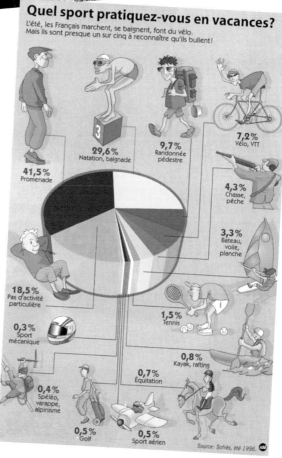

Quel sport pratiquez-vous en vacances?

L'été, les Français marchent, se baignent, font du vélo.
Mais ils sont presque un sur cinq à reconnaître qu'ils bullent!

41,5% Promenade

29,6% Natation, baignade

9,7% Randonnée pédestre

7,2% Vélo, VTT

4,3% Chasse, pêche

3,3% Bateau, voile, planche

18,5% Pas d'activité particulière

0,3% Sport mécanique

1,5% Tennis

0,8% Kayak, rafting

0,4% Spéléo, varappe, alpinisme

0,7% Équitation

0,5% Golf

0,5% Sport aérien

Source: Sofres, été 1996.

Écoutez ces interviews et soulignez dans le document les sports que ces Français pratiquent.

2 *Complétez le tableau à l'aide du lexique ci-dessous et des sports présentés dans l'exercice 1.*

Lexique :
Où : un gymnase, la piscine, le stade, le court, le terrain, en plein air, à la campagne, à la montagne, à la mer...
Action : marcher, souffler, pédaler, tirer, naviguer, lancer, attraper, nager, plonger, envoyer, monter, courir, descendre, skier, ramer...

Sport	Où	Action
Natation	Piscine, mer, lac...	Nager, plonger...

Grammaire

les verbes pronominaux

 Faites correspondre chaque phrase entendue à un dessin puis écrivez l'infinitif de chaque verbe pronominal selon le modèle.

se reposer

phrase	1	2	3	4
dessin	c			

Les verbes pronominaux

au présent

Je **me** repose.
Tu **te** reposes.
Il/elle/on **se** repose.
Nous **nous** reposons.
Vous **vous** reposez.
Ils /elles **se** reposent.

Je ne me repose pas pendant la semaine.

! Me, te, se, deviennent **m', t', s'** devant une voyelle ou un h muet.
→ Je **m'**habille vite !
Tu **t'**ennuies ?
Il **s'**énerve facilement !

au passé composé

Je **me** suis reposé(e).
Tu **t'**es reposé(e).
Il/elle /on **s'**est reposé(e).
Nous **nous** sommes reposé(e)s.
Vous **vous** êtes reposé(e)s.
Ils/elles **se** sont reposé(e)s.

Hier, il **ne s'est pas reposé.**

! Au passé composé, en général, on accorde le participe passé avec le sujet.
→ Marie et Sylvia se sont réveill**ées** tard.

4 *Reliez les éléments suivants pour former une phrase au présent ou au passé composé.*

Je	me	es dépêché pour une fois.
Elle	nous	installons devant la télé.
Tu	vous	est coupée.
Nous	se	es trompé.
Elles	t'	préparez pour aller dîner.
Ils	t'	sont trop parfumées.
Tu	se	habille chez Gauthier.
Vous	s'	réveillent trop tard.
Je	m'	suis énervé contre lui.

5 *Dites ce que font ou ne font pas ces personnes.*

Exemple : deux collègues de bureau : se saluer, se disputer.
→ Ils se saluent, ils ne se disputent pas.

1. Deux amoureux : s'aimer, se critiquer, se téléphoner, se détester.

2. Des sportifs avant un match : s'entraîner, se reposer, se détendre, s'énerver.

3. Des étudiants en classe de français : s'aider, se sourire, s'écouter, se corriger, se surveiller, se parler en anglais.

6 *Racontez la journée d'hier de Charlotte. Retrouvez l'ordre chronologique de ses actions et en bas de chaque vignette, formez des phrases à l'aide des verbes ci-dessous.*

se dépêcher, s'entraîner, s'habiller, se reposer, se coiffer, se maquiller, se réveiller.

☐ ....

☐ ....

1 Hier, Charlotte s'est réveillée à 7 heures.

☐ ....

☐ ....

☐ ....

☐ ....

7 *Posez à un autre étudiant les questions suivantes. Il répond négativement et donne une information supplémentaire.*

Exemple : Vous vous levez tôt le matin ?
→ Non, je ne me lève pas tôt, je me lève à 9 heures.

1. Est-ce que tu t'es excusé pour ton retard ?
2. Est-ce que vous vous maquillez beaucoup ?
3. Est-ce que votre collègue se marie cette année ?
4. Est-ce que vous vous êtes promenés hier soir ?
5. Est-ce que Pierre et Régine se téléphonent souvent ?
6. Est-ce que tes parents se disputent pour le choix de leurs vacances ?

 8 *Dans quelles situations pouvez-vous entendre ces phrases ? Qui les dit ?*

Exemple : dans un train, un contrôleur à un voyageur imprudent.

1. ....
2. ....
3. ....

> **Les verbes pronominaux à l'impératif**
>
> **Se réveiller :**
> Réveille-**toi** / Ne **te** réveille pas.
> Réveillons-**nous** / Ne **nous** réveillons pas.
> Réveillez-**vous** / Ne **vous** réveillez pas.

9 *Que dites-vous à ces personnes ? Utilisez les verbes ci-dessous à l'impératif.*

Exemple : à une amie qui est malade
→ Couche-toi, repose-toi, ne t'énerve pas !

1. à un professeur qui n'est pas clair.
2. à un enfant qui n'est pas poli.
3. à votre frère qui est lent.
4. à un enfant qui est sale.
5. à votre amie qui n'arrive pas à choisir un cadeau.
6. à un client qui n'est pas content.

se décider, s'excuser, se calmer, s'énerver, se dépêcher, se reposer, se coucher, s'expliquer plus clairement, se doucher.

Communication

exprimer l'inquiétude / rassurer

Écoutez ces dialogues.
A. Retrouvez les motifs d'inquiétude de la première personne et les arguments rassurants de la deuxième personne.
B. Écrivez, après avoir lu le tableau "Exprimer l'inquiétude/Rassurer", les expressions utilisées dans les dialogues.

Motifs d'inquiétude	Arguments rassurants
1. **A.** Il a mal au genou.	Suppression du tournoi.
B. "Aïe, qu'est ce que je peux faire ?"	"Ne t'en fais pas."
2. **A.** _____	_____
B. _____	
3. **A.** _____	_____
B. _____	
4. **A.** _____	_____
B. _____	

Exprimer l'inquiétude	Rassurer
Je n'y arriverai jamais !	Ne t'inquiète pas / Ne vous inquiétez pas, il suffit de faire comme ça !
J'ai peur de sauter !	
Qu'est-ce que je peux faire ?	Mais non, tout ira bien !
Mais comment je vais faire ?	Tout va s'arranger !
C'est affreux ! Aide-moi / Aidez-moi!	Allons, ne t'en fais pas / Ne vous en faites pas, je vais t'aider / je vais vous aider !
Je ne sais plus quoi faire !	Calme-toi / Calmez-vous !
Je suis inquiet(ète).	Pas de panique, ce n'est pas grave !
Ça m'angoisse !	Ne te fais pas de souci / Ne vous faites pas de souci !

11 *Complétez ces dialogues avec des expressions du tableau "Exprimer l'inquiétude /Rassurer".*

Exemple : — J'ai raté mon train. Qu'est-ce que je vais dire à mon patron ? **Ça m'angoisse !**
— **Ne t'inquiète pas**, c'est la première fois que tu es en retard !

1. — Dis donc, c'est qui la fille que j'ai vue hier avec toi ?
— _____ ! C'était la cousine de ma mère ! Tu es trop jalouse, tu sais !
2. — J'ai oublié de payer l'assurance de la voiture ! _____ ?
— Eh bien, _____ de téléphoner au bureau d'assurances pour leur expliquer le problème !
3. — Mon gâteau ! Il est brûlé ! Mais _____ ? Nos invités arrivent dans une heure !
— Allez, _____, je vais tout de suite à la pâtisserie acheter une tarte aux pommes.

12 *Par groupes de deux, créez des dialogues à partir de ces situations. Un étudiant exprime son inquiétude, l'autre le rassure.*

1. Vous n'avez plus d'argent et nous sommes seulement en début de mois.
2. Votre fils qui a 15 ans rentre de plus en plus tard et son travail à l'école n'est plus satisfaisant.
3. Vous devez rendre un travail urgent et vous ne savez pas comment faire.
4. Votre nièce se marie. Elle veut faire un grand mariage. Mais elle n'a pas beaucoup d'argent.

parler de ses habitudes

13 *Après avoir observé ces deux publicités et ces quatre dialogues, soulignez les expressions relatives à l'habitude.*

> **Exemple :** Chez Banque Directe, mon argent <u>ne</u> dort <u>jamais</u>.

1. — Hier, j'ai vu Marie à la patinoire.
   — Impossible, elle ne va pas souvent patiner, elle n'aime pas le froid !
2. — J'appelle Marc et Valérie pour faire une randonnée avec eux, ce week-end.
   — Ah non, avec tes cousins, on fait toujours les mêmes parcours ! Et puis, c'est chaque fois eux qui décident où aller.
3. — Ce soir, je vais courir !
   — Oui, oui, tu le dis tous les soirs et puis tu ne le fais jamais !
4. — Non, je vais rarement à la piscine l'hiver.
   — Moi, par contre, j'y vais régulièrement, ça fait du bien !

Parler de ses habitudes

Je fais **régulièrement, toujours, tous les jours, toutes les semaines, chaque mois :**
→ Je lis un quotidien tous les jours.

Je fais **quelquefois, de temps en temps, parfois :**
→ Je vais parfois voir une exposition.

Je fais **rarement :**
→ Je regarde rarement des films policiers.

Je ne fais **jamais :**
→ Je ne prends jamais le métro.

🛈 **Jamais** est négatif, n'oubliez pas d'utiliser **ne (n').**
→ Je **ne** mange **jamais** d'escargots.
Marion **n'**arrive **jamais** à l'heure.

Écoutez puis dites si l'événement dont on parle se produit souvent, quelquefois ou jamais.

	1	2	3	4	5	6	7	8
Souvent								
Quelquefois								
Jamais	X							

15

Dites avec quelle fréquence vous faites ces actions puis posez des questions aux autres étudiants pour connaître leurs habitudes.

Exemple : — J'achète rarement le journal, et toi ?
— Moi, je l'achète souvent.

1. Partir dans un club de vacances.
2. Téléphoner à sa mère.
3. Écrire à son patron.
4. Peindre.
5. Faire l'ascension du Mont-Blanc.
6. Être absent au travail.
7. Gagner au loto.
8. Prendre l'autobus.
9. Lire des romans policiers.

16

Imaginez quelles sont les habitudes de ces personnes.

les pronoms compléments d'objet indirect

17 *Observez ces documents et retrouvez la construction des verbes.*

1. La poste **vous** propose :
proposer **à** quelqu'un.

2. ....
....
....
....

Découvrez tout
ce que La Poste
vous propose pour bien
vivre votre argent
au quotidien !

LA POSTE ➤
On a tous à y gagner

❶

Mon chéri,

Les Dupont nous
invitent ce soir.
Tu leur téléphones
pour confirmer ?

❷

	Les pronoms complément d'objet indirect			
	me		m'	
	te		t'	
	lui (à Marie)		lui	
Henri	lui (à Marc)	téléphone souvent mais il ne	nous	écrit jamais.
	nous		vous	
	vous		leur	
	leur			

🛈 Au passé composé, le pronom se place devant l'auxiliaire :
→ Je **lui** ai demandé un service.
   Je ne **lui** ai pas envoyé de cadeau.

18 *Classez ces verbes selon leur construction puis faites des phrases avec des pronoms personnels : "répondre", "offrir", "écrire", "téléphoner", "donner", "demander", "parler", "sourire".*

répondre
je réponds [Repɔ̃]
tu réponds
il/elle/on répond [Repɔ̃dɔ̃]
nous répondons
vous répondez
ils/elles répondent [Repɔ̃d]
passé composé : j'ai répondu
futur : je répondrai

Verbe + à + quelqu'un

Téléphoner à Guy : je **lui** téléphone.
....
....
....
....

Verbe + quelque chose + à + quelqu'un

Offrir un cadeau à sa collègue : je **lui** offre un cadeau.
....
....
....
....

19 *Écoutez, écrivez le pronom complément entendu puis retrouvez la situation.*

Exemple : On vous offre trop de cadeaux !

	Pronom	**Situation**
Exemple	Vous	Des parents à leurs enfants
1.		
2.		
3.		
4.		
5.		

20 *Qu'est-ce que vous faites avec eux ou qu'est-ce que vous ne faites pas avec eux ?*

Exemple : Votre chat : caresser, interdire de griffer, nourrir.
→ Mon chat, je **le** caresse, je **lui** interdis de griffer et je **le** nourris.

1. Vos amis :
 - inviter à une réception
 - acheter le dernier CD de Sting
 - offrir des fleurs
 - insulter

2. Votre concierge :
 - saluer
 - envoyer des cartes postales
 - dire qu'il y a trop de bruit
 - donner des pourboires

3. Votre médecin :
 - appeler chez lui
 - demander des conseils médicaux
 - payer avec une carte de crédit
 - adresser des voeux de bonne année

4. Vos voisins :
 - dire bonjour
 - demander des services
 - déranger pour un rien

21 *Complétez ces lettres avec "le", "la", "l'", "les", "me", "m'", "te", "t'", "nous", "vous", "lui", "leur".*

Papa,
Voilà mon exo de géo. Le prof .... a trouvé excellent. Il .... a félicité. Il .... a mis 18 /20.
Bisous.

Luc

Mon amour,
J'ai parlé à mes cousins. Je .... ai dit que nous invitons à notre mariage. Ils ont voulu avoir une idée de cadeau. Je .... ai demandé qu'ils .... offrent un lecteur CD. Ça .... va ?

Gros câlins, ton petit chouchou

Ma petite fille adorée,
Je .... ai acheté une poupée pour ton anniversaire. J'espère qu'elle .... plaira. Papy et moi partons en vacances en Inde. Dis à papa et à maman que nous .... enverrons une carte postale de là-bas. Nous .... embrassons tous très fort.

Mamy

Maman,
Je .... prie de dire à papa que je .... envoie mes meilleurs voeux pour sa santé. Tu .... demanderas à quelle date je pourrai .... appeler de nouveau à la maison. Tu .... demandes des nouvelles de Rémy et de Dorothée. Rémy, je .... verrai ce soir. Dorothée, je retrouverai la semaine prochaine. Affectueusement.

Juliette

Madame,
Je .... écris au sujet de ma commande. J'ai commandé un pantalon, il y a un mois et quand je .... ai essayé, il ne .... allait pas du tout. De plus, je crois avoir droit à une réduction. Vous .... avez fait payer le plein tarif ! Je .... assure que je suis très mécontente de vos services.
En espérant que cela ne se reproduira plus, je .... prie d'agréer mes salutations distinguées.

Mademoiselle Rouspète.

22 *Observez ces documents et associez-les aux phrases suivantes.*

1. Super, avec cette nouvelle carte, les remboursements des soins médicaux sont automatiques !
2. Pas de panique, voilà l'ambulance !
3. Tiens, au coin de la rue, tu vois l'enseigne de la pharmacie ?
4. Vite, appelez le SAMU, Hugues s'est fait mal au coude !
5. Zut, j'ai oublié de prendre ma feuille quand je suis sortie de chez l'ophtalmo !
6. Mais enfin ! Lis : un comprimé le matin et un le soir avant de se coucher !

Document	a	b	c	d	e	f
Phrase	3					

23 *Indiquez dans la grille où vous pouvez entendre ces phrases.*

	Chez le médecin	A la pharmacie	Chez le médecin et à la pharmacie
1. Vous serez de garde dimanche prochain ?			X
2. Je prends des antibiotiques combien de fois par jour ?			
3. Je dois faire une radio ?			
4. Prenez ça, puis si ça ne va pas, appelez votre généraliste.			
5. Voilà, avec tous ces médicaments, ça vous fait 250 francs.			
6. Quel est le prix de la consultation ?			
7. Relevez votre tee-shirt, je vais vous examiner.			
8. Toussez, plus fort ! Parfait, pas de bronchite, juste un petit rhume !			
9. Voici votre ordonnance et vos comprimés.			

Phonétique

les sons [s] / [z]

Écoutez, soulignez la ou les lettres qui ont le même son que dans "cinéma" puis répétez les phrases.

Exemple : Son récit est très intéressant.

1. Je ne sais plus où j'ai mis mon sac.
2. C'est un garçon très sportif.
3. Voici un professeur de français.
4. En classe, il faut du silence.
5. Grâce à eux, j'ai des places gratuites au cinéma.
6. Ils sont reçus à leur examen.
7. L'addition, s'il vous plaît !
8. Cyril, commençons tout de suite.

[s]
Le son [s] s'écrit
c + i, e, y : glace
ç + a, u, o : français
s : salut
ss entre deux voyelles : professeur
t + ion : nation

Écoutez, soulignez la ou les lettres qui ont le même son que dans "douze", puis répétez les phrases.

Exemple : Ils ont douze amis pour le déjeuner.

1. Vos invités sont arrivés.
2. Les enfants s'amusent bien.
3. Deux étudiants veulent parler au prof.
4. Les yeux de cette fille sont beaux.
5. Résultat final : quinze à dix.
6. Nous avons de bons éléments.
7. Vous aidez avec zèle vos enfants.
8. J'aime le désert.

[z]
Le son [z] s'écrit
z : treize
s entre deux voyelles : amuser
s en liaison : nous avons
x en liaison : les yeux

Écoutez et complétez ces phrases.

1. Nous _____ faim.
2. Nous _____ notre leçon.
3. Vous _____ trop votre soupe.
4. Vous _____ en ville.
5. Ils _____ le restaurant.
6. Ils _____ un cadeau à Jacques.
7. Elles _____ bien des problèmes.
8. Elles _____ depuis qu'elles se sont disputées.
9. Ils _____ l'opéra à la folie.
10. Ils _____ depuis dix ans.

Unité 3
Cartes postales

Carte 1 — Nice, le 23 mars

Ça commence bien !
Ciel bleu, Soleil magnifique et mer splendide ! Comme l'année dernière ! Tu te souviens ? On restera ici jusqu'au 30, pourquoi tu ne viens pas nous voir ?
Bises
Michel

Jérôme Sanchez
14 rue du Paradis
34000 Montpellier

Carte 2 — Grasse, le 25 mars

La région est superbe.
Je suis folle de joie : Michel me laisse conduire sa voiture.
On s'amuse beaucoup.
Je vous embrasse très fort.
Juliette

M. et Mme Filloux
18 rue Pascal
75005 Paris

Carte 3 — Nice, le 24 mars

On s'amuse et on mange beaucoup. Tous les soirs, on change de restaurant. Hier, on voulait goûter une ratatouille et Marion nous a emmenés dans le restaurant de ses oncles. Délicieux, super sympa et surtout... pas cher !
Bises à tous
Pierre

Famille Dupuis
24 rue du Moulin vert
89000 Auxerre

Carte 4 — Nice, 28 mars

Vacances super.
Copains super sympas.
Mais on n'a pas d'argent pour aller au casino.
Ça m'énerve !!!!
Grosses bises
Christophe

Mme Anne
Libellois
24 rue du pont
59000 Lille

Carte 5 — Nice, 23 mars

chère Mamie,
tu avais raison, ta région est vraiment belle. Dès mon retour à Poitiers, j'irai te voir. J'ai acheté les fromages de chèvre que tu voulais et les olives aussi.
Je t'embrasse
Marion

Mme Paulette Tubon
23, rue Lamartine
86000 Poitiers

---

1 *Répondez à ces questions en indiquant les numéros des cartes postales correspondantes.*

cartes postales

1. Dans quelles cartes postales raconte-t-on quelque chose qu'on a fait ? — 2, 3, 5
2. Dans quelles cartes postales raconte-t-on quelque chose qu'on va faire ?
3. Dans quelle carte postale parle-t-on du climat ?
4. Dans quelles cartes postales les personnes qui écrivent sont-elles contentes ?
5. Dans quelle carte postale la personne qui écrit n'est-elle pas contente ?

l'imparfait / le passé composé

2 *Lisez le tableau sur l'imparfait de l'indicatif puis cochez, pour chaque dessin, la phrase correcte.*

☐ Hier, Patrick a été triste.
☐ Hier, Patrick était triste.

☐ Le téléphone a sonné : c'était Nathalie qui l'invitait au cinéma.
☐ Le téléphone sonnait : c'était Nathalie qui l'invitait au cinéma.

☐ Il était six heures. La circulation était dense.
☐ Il était six heures. La circulation a été dense.

☐ Quand Patrick est arrivé devant le cinéma, il n'y avait plus personne.
☐ Quand Patrick arrivait devant le cinéma, il n'y avait plus personne.

☐ Patrick est retourné à la maison, il était déçu.
☐ Patrick est retourné à la maison, il a été déçu.

3 *Complétez le tableau de l'imparfait de l'indicatif.*

L'imparfait

L'imparfait se forme avec la première personne du pluriel du présent de l'indicatif + les terminaisons de l'imparfait.

finir → nous **finiss**ons → je finiss**ais**
croire → nous **croy**ons → je _____
être → nous sommes → j'étais

	sonner	vouloir	sortir	faire
je	sonn**ais**	voul_____	sort_____	fais_____
tu	sonn**ais**	_____	_____	_____
il/elle/on	sonn**ait**	_____	_____	_____
nous	sonn**ions**	_____	_____	_____
vous	sonn**iez**	_____	_____	_____
ils/elles	sonn**aient**	_____	_____	_____

🛈 **Le passé composé et l'imparfait expriment tous les deux un fait passé.**

1. **Le passé composé** indique des actions précises, délimitées dans le temps.
   → Ce matin, **j'ai retrouvé** mon portefeuille.
2. **L'imparfait** indique des actions passées dont on ne connaît pas les limites dans le temps.
   → Hier soir, j'**étais** très fatiguée (état).
   Sur cette photo, le ciel **était** nuageux (description).
   Quand j'**étais** petit, je **jouais** au football (action habituelle ou narration).

Cochez les phrases que vous entendez.

1. ☐ Il demande des renseignements.
   ☐ Il demandait des renseignements.
2. ☐ Elle a été malade.
   ☐ Elle était malade.
3. ☐ Il se réveille à 6 heures.
   ☐ Il se réveillait à 6 heures.

4. ☐ Il prépare le déjeuner pour tout le monde.
   ☐ Il préparait le déjeuner pour tout le monde.
5. ☐ Tu t'es levée à quelle heure ?
   ☐ Tu te levais à quelle heure ?

5 Par groupes de trois, racontez la vie de ces personnages.

Grace de Monaco 1930-1982
Actrice.
Américaine.
Parmi ses films : "Fenêtre sur cour", "Le crime était presque parfait", "La main au collet"
1956 : épouse Rainier, prince de Monaco.
Trois enfants.

Dalida 1933-1987
Chanteuse.
Égyptienne.
En 1955 : Paris.
30 ans de carrière.
Plus de 85 millions de disques vendus.

Romy Schneider 1938-1982
Actrice.
Parents : acteurs.
Autrichienne.
Parmi ses films : " Sissi", "La piscine", "Les choses de la vie", "Une histoire simple".

6 Formez des phrases en unissant un segment de la colonne de gauche et un segment de la colonne de droite.

1. Hier, je pensais à Marc, tout à coup
2. Mes parents allaient toujours en vacances en Espagne, mais, l'an dernier,
3. Mardi dernier, c'était l'anniversaire de mon mari ; lundi
4. Hier soir, je ne pouvais pas dormir, à 3 heures du matin,
5. Sa fiancée lui manquait beaucoup. Un jour,
6. Il était une heure du matin et il n'y avait plus de métro, alors

a. je me suis levé et je suis allé faire une promenade dans le jardin.
b. il a acheté un billet d'avion et il est allé la voir à Londres.
c. il a appelé un taxi.
d. le téléphone a sonné : c'était lui qui me proposait d'aller à l'opéra.
e. j'ai téléphoné à nos amis pour les inviter à la maison.
f. tante Louise leur a proposé d'aller au Japon.

évoquer ses souvenirs   Unité 3

Quel est l'objet des souvenirs de ces huit personnes ? Écoutez le début de leurs histoires et complétez la grille.

	ville	école	famille	travail	société
1.	X				
2.					
3.					
4.					
5.					
6.					
7.					
8.					

Évoquer ses souvenirs

Je me souviens que tout était facile.
À cette époque-là, il n'y avait pas de télé.
Rappelle-toi, les enfants jouaient dans les rues.
Autrefois, chaque famille avait une seule voiture.
De mon temps, nous allions à l'école à pied.
N'oublie pas que la vie était moins chère.

8 Que dit le grand-père ? Complétez cette bande dessinée en utilisant les expressions dans la liste ci-dessous.

faire les courses - l'épicier - le supermarché - la machine à écrire - l'ordinateur - le lecteur de CD - le gramophone

9 Remettez ces phrases dans l'ordre pour retrouver un souvenir d'enfance de Juliette Binoche.

1. Mon père était ami avec une de ses filles et il m'emmenait
2. passer Noël chez lui, en Suisse.
3. Tout d'un coup, j'ai compris qui c'était.
4. À 9 ans, j'ai eu la chance de rencontrer Chaplin.
5. Et puis, juste avant d'arriver, il m'a dit : "Tu ne te souviens pas de Charlot ?"
6. et j'ai crié : "C'est Charlot !", et il s'est retourné.
7. Le premier film que j'ai vu au cinéma, c'était un Charlot.
8. On est sortis de la voiture et j'ai vu un vieux monsieur qui marchait avec sa canne.
9. Dans la voiture, mon père m'a dit : "On va voir Chaplin", mais ce nom ne me disait rien.

7									6

10
1. Choisissez une photo de votre enfance, d'une fête de famille, ou d'un lieu où vous avez passé une période de vacances.
2. Écrivez un petit texte qui explique la photo.
3. Montrez la photo à la classe tout en lisant votre texte.

....

....

....

....

exprimer la satisfaction / l'irritation

Écoutez ces dialogues.
A. Retrouvez dans le programme du Futuroscope, les trois lieux visités par nos amis.

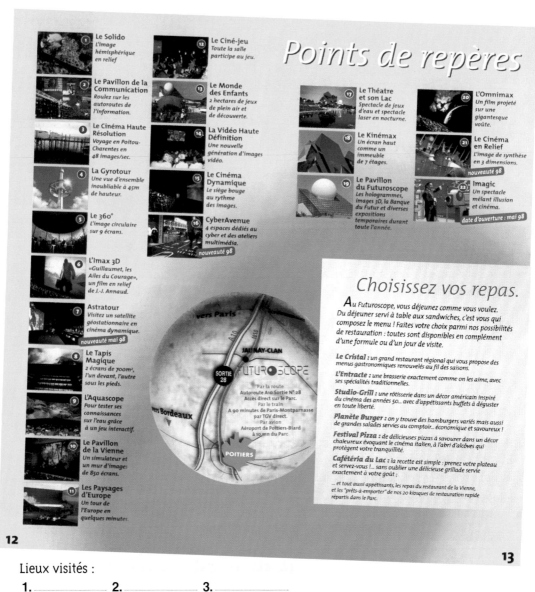

Le Solido
L'image hémisphérique en relief

Le Pavillon de la Communication
Roulez sur les autoroutes de l'information.

Le Cinéma Haute Résolution
Voyage en Poitou-Charentes en 48 images/sec.

La Gyrotour
Une vue d'ensemble inoubliable à 45m de hauteur.

Le 360°
L'image circulaire sur 9 écrans.

L'Imax 3D
«Guillaumet, les Ailes du Courage», un film en relief de J.-J. Annaud.

Astratour
Visitez un satellite géostationnaire en cinéma dynamique.
nouveauté mai 98

Le Tapis Magique
2 écrans de 700m², l'un devant, l'autre sous les pieds.

L'Aquascope
Pour tester ses connaissances sur l'eau grâce à un jeu interactif.

Le Pavillon de la Vienne
Un simulateur et un mur d'images de 850 écrans.

Les Paysages d'Europe
Un tour de l'Europe en quelques minutes.

Le Ciné-jeu
Toute la salle participe au jeu.

Le Monde des Enfants
2 hectares de jeux de plein air et de découverte.

La Vidéo Haute Définition
Une nouvelle génération d'images vidéo.

Le Cinéma Dynamique
Le siège bouge au rythme des images.

CyberAvenue
4 espaces dédiés au cyber et des ateliers multimédia.
nouveauté 98

Points de repères

Le Théâtre et son Lac
Spectacle de jeux d'eau et spectacle laser en nocturne.

Le Kinémax
Un écran haut comme un immeuble de 7 étages.

Le Pavillon du Futuroscope
Les hologrammes, images 3D, la Banque du Futur et diverses expositions temporaires durant toute l'année.

L'Omnimax
Un film projeté sur une gigantesque voûte.

Le Cinéma en Relief
L'image de synthèse en 3 dimensions.
nouveauté 98

Imagic
Un spectacle mêlant illusion et cinéma.
date d'ouverture : mai 98

vers Paris
JAUNAY-CLAN
FUTUROSCOPE
SORTIE 28
vers Bordeaux
POITIERS

Par la route
Autoroute A10 Sortie N° 28
Accès direct sur le Parc
Par le train
A 90 minutes de Paris-Montparnasse par TGV direct.
Par avion
Aéroport de Poitiers-Biard à 10 mn du Parc

Choisissez vos repas.

Au Futuroscope, vous déjeunez comme vous voulez. Du déjeuner servi à table aux sandwiches, c'est vous qui composez le menu ! Faites votre choix parmi nos possibilités de restauration : toutes sont disponibles en complément d'une formule ou d'un jour de visite.

Le Cristal : un grand restaurant régional qui vous propose des menus gastronomiques renouvelés au fil des saisons.

L'Entracte : une brasserie exactement comme on les aime, avec ses spécialités traditionnelles.

Studio-Grill : une rôtisserie dans un décor américain inspiré du cinéma des années 50... avec d'appétissants buffets à déguster en toute liberté.

Planète Burger : on y trouve des hamburgers variés mais aussi de grandes salades servies au comptoir... économique et savoureux !

Festival Pizza : de délicieuses pizzas à savourer dans un décor chaleureux évoquant le cinéma italien, à l'abri d'alcôves qui protègent votre tranquillité.

Cafétéria du Lac : la recette est simple : prenez votre plateau et servez-vous ! ... sans oublier une délicieuse grillade servie exactement à votre goût ;

... et tout aussi appétissants, les repas du restaurant de la Vienne, et les «prêts-à-emporter» de nos 20 kiosques de restauration rapide répartis dans le Parc.

12

13

Lieux visités :
1. .... **2.** .... **3.** ....

B. *Réécoutez les dialogues et à l'aide du tableau "Exprimer la satisfaction / l'irritation", pour chaque dialogue, cochez les bonnes cases et retrouvez l'expression utilisée.*

	la fille exprime sa satisfaction	la fille exprime son irritation	expression utilisée
1.		X	Là, tu exagères
2.			
3.			
4.			
5.			
6.			
7.			

Exprimer la satisfaction	**Exprimer l'irritation**
Comme c'est gentil !	J'en ai assez !
C'est formidable !	Ce n'est pas possible !
Ça me plaît !	C'est insupportable !
Comme je suis content(e) !	Ça m'énerve !
Avec plaisir !	Ça suffit !
Je suis fou (folle) de joie !	J'en ai marre (fam.) !
Super !	Tu exagères !
C'est génial !	
C'est extra !	

12   *Quelle expression de satisfaction ou d'irritation vous utiliseriez dans ces situations ?*

1. L'agence de publicité pour laquelle vous travaillez a accepté votre projet de campagne publicitaire. Vous en parlez à votre femme/mari.
2. Nous sommes vendredi et votre chef vous demande pour la troisième semaine de suite d'aller travailler samedi toute la journée.
3. Vous racontez à vos amis que vous avez enfin gagné au Loto.
4. Votre mari vous propose d'emmener en vacances avec vous son collègue Charles et sa famille, que vous n'aimez pas beaucoup.

13   *Complétez ce dialogue à l'aide des expressions du tableau "Exprimer la satisfaction / l'irritation".*

Au téléphone :

Anne : — Salut, Paul, samedi soir, on voudrait organiser une petite fête pour l'anniversaire de Bernard. Qu'est-ce que tu en penses ?

Paul : — _____ (il pense que c'est une très bonne idée)

Anne : — Dis, Sylviane propose d'acheter tous ensemble un cadeau à Bernard, mais Frank ne veut pas : il dit qu'il préfère lui offrir quelque chose lui tout seul.

Paul : — _____ (il exprime son irritation : Frank est très individualiste)

Anne : — Bon, écoute, tant pis, on est quatre et on pourrait lui acheter une raquette de tennis. Il est fana de sport en ce moment. Tu es d'accord ?

Paul : — _____ (il accepte l'idée avec enthousiasme)

Anne : Bon, je vais téléphoner aux autres et je te rappellerai ce soir. Salut !

Paul : — Salut, Anne, à ce soir.

les expressions de temps (2)

14 *Observez la journée de Paulette la méthodique et complétez le tableau "Expressions de temps (2)".*

DÈS SON ARRIVÉE, PAULETTE TÉLÉPHONE À SA MÈRE

PAULETTE VA DÉJEUNER À MIDI

TOUS LES JOURS PAULETTE DÉJEUNE EN UNE HEURE, DE MIDI À 13 h.

PAULETTE RESTE DANS SON BUREAU JUSQU'À 17 h.

AVANT SON RETOUR À LA MAISON PAULETTE FAIT SES COURSES

APRÈS LE DÎNER, PAULETTE REGARDE LA TÉLÉ

Expressions de temps (2)					
moment précis	point de départ	durée	antériorité	postériorité	point d'arrivée
....	....	....	....	....	....

15 *Pour chacune de ces affirmations, choisissez la phrase correspondant à la situation.*

Exemple : Je suis arrivée à la gare de Lyon et je suis allée tout de suite voir la Tour Eiffel.
☐ Jusqu'à son arrivée, Caroline est allée à la Tour Eiffel.
☐ Caroline est allée à la Tour Eiffel pendant son arrivée.
☒ Dès son arrivée, Caroline est allée à la Tour Eiffel.

1. Je suis rentrée au Louvre à 10 heures. À 15 heures, je suis sortie.
☐ Caroline est restée au Louvre de 10h à 15h.
☐ Caroline est restée au Louvre après 10h.
☐ Caroline est restée au Louvre après 15 heures.

2. À 15h, j'ai fait une promenade sur la Seine.
☐ Avant la visite du Louvre, Caroline est allée sur les quais de la Seine.
☐ Caroline est allée sur les quais après la visite du Louvre.
☐ Pendant la visite du Louvre, Caroline est allée sur les quais.

3. J'ai pris le bateau-mouche. Le tour dure 30 minutes.
☐ Le bateau parcourt la Seine en 30 minutes.
☐ Le bateau parcourt la Seine jusqu'à 30 minutes.
☐ Après 30 minutes, le bateau parcourt la Seine.

4. Je suis allée dans un café pour attendre le train de 20h.
☐ Caroline est restée dans le café après 20h.
☐ Caroline est restée dans le café avant 20h.
☐ Caroline est restée dans le café jusqu'à 20h.

L'imprimeur a envoyé à l'agence "Plus Voyages" un dépliant avec les programmes de la prochaine saison touristique. L'employé de l'agence téléphone à l'imprimeur pour rectifier un certain nombre d'erreurs. Corrigez le dépliant comme si vous étiez l'imprimeur.

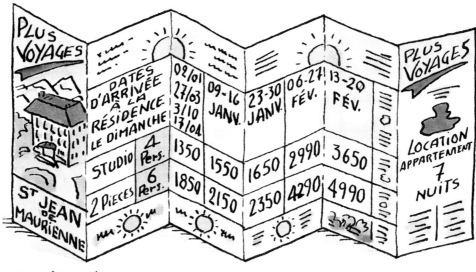

Vous êtes priés _____

17 Hier, entre 9h et 18h, un vol a été commis dans une chambre de l'hôtel Beauséjour. Le commissaire interroge les trois employés de l'hôtel pour connaître leur emploi du temps. Par groupes de quatre, jouez la scène sur la base des indications données.

Exemple : Commissaire : Et vous, madame, où étiez-vous à 9h ?
Aurélie : J'étais à la réception, monsieur le commissaire.
Commissaire : Jusqu'à quelle heure êtes-vous restée à la réception ?
Aurélie : Jusqu'à 13h, monsieur le commissaire.

	Aurélie	Émile	Anne
9h		salle restaurant, service petit déjeuner	
10h			service dans les chambres
11h	réception	libre	
12h		service restauration	
13h			aide à la cuisine
14h	déjeuner dans le restaurant de l'hôtel		
15h	libre (à la clinique Beausourire pour rendre visite à une amie qui vient d'avoir un bébé)		
16h		libre (chez sa fiancée)	libre (en ville, chez les amis Martin)
17h	réception		
18h			

quelques nouveautés

18 *Reconnaissez l'objet, le lieu, le moyen de transport ou le jeu auxquels se réfèrent ces phrases.*

1. Avant, quand je devais passer un coup de fil dans la rue, je mettais beaucoup de temps à chercher une cabine et puis je n'avais jamais de carte sur moi. Maintenant, je peux appeler à tout moment et de n'importe où, même de la plage.

2. Fini les queues à la banque. Maintenant, même si le vendredi je n'ai plus de liquide, je peux à tout moment retirer de l'argent. Mais c'est une tentation et c'est très dangereux !

3. Au début, l'idée ne me plaisait pas. Avec tout ce verre et cet acier, selon moi, c'était trop moderne. Mais maintenant, je me suis habitué et elle me plaît.

4. Oui, c'est un peu loin du centre de Paris, mais c'est très facile d'y aller en RER. Et puis c'est grand, plein de boutiques et de restaurants et les vols sont presque toujours à l'heure, heureusement.

5. C'est une idée sensationnelle : des expositions tout le temps, une bibliothèque énorme et aussi un centre de lecture pour les plus petits. Et surtout, c'est ouvert tard même le dimanche et l'entrée est gratuite.

6. Le week-end, je rentre chez moi. Avant, je mettais trois heures, maintenant je suis à Tours en une heure. On n'a même pas l'impression de voyager. C'est rapide et surtout silencieux. Quelle merveille !

7. Je n'ai pas encore gagné, mais je suis sûre qu'un jour je serai multimillionnaire. Au bureau, nous y jouons tous.

Phrase	1	2	3	4	5	6	7
Image							

les accents

19 Vous allez entendre des noms contenant le son [ɛ] (matière, fête) ou [e] (rédacteur). Complétez les listes ci-dessous.

> **Les accents**
> Il y a trois accents en français :
> l'accent aigu : spé**c**ifique
> l'accent grave : expr**è**s
> l'accent circonflexe : arr**ê**t

le son [ɛ]	**le son [e]**
même, lumière, _____	été, _____
_____	_____
_____	_____

20 Lisez les phrases puis complétez le tableau selon le modèle.

1. Il fait du cinéma.
2. Cette fête est vraiment une réussite.
3. C'est la fenêtre de la troisième pièce.
4. Il sera rédacteur du journal Libération.
5. Elle est très élégante.
6. La banque nous accorde un prêt.

accent aigu	**accent grave**	**accent circonflexe**
cinéma	troisième	fête
_____	_____	_____

21 À l'aide du vocabulaire des exercices précédents, ajoutez des exemples dans le tableau des accents sur la lettre "e".

Les accents sur la lettre "e"
é **+ consonne + voyelle qui se prononce :** numéro, _____
+ voyelle : réussite, _____
prononcé en fin et en début de mot : café, été _____
è **+ consonne + "e" muet :** lumière, _____
ê **l'accent circonflexe rappelle un "s" qui existait dans l'ancien français et qui existe encore dans certaines langues latines :** même (espagnol *mismo*), fenêtre (italien *finestra*), _____

22 Écoutez et accentuez, si nécessaire, les mots des phrases suivantes.

> **Exemple :** En matiere d'economie, il faut etre prudents.
> → En mati**è**re d'**é**conomie, il faut **ê**tre prudents.

1. Le redacteur de cette revue est tres competent.
2. J'ai fait mes etudes en Grece.
3. C'est la fete des peres.
4. C'est le depart des vacances et il y a enormement de vehicules sur les routes.
5. Liberte, fraternite, egalite.
6. Herve est arrive apres le debut de la seance de cinema.
7. J'etais pres de la fenetre quand le telephone a sonne.

DELF

ORAL

1 Choisissez deux jeux de rôle parmi ceux qui vous sont proposés.

1. Vous avez perdu votre valise à l'aéroport. Vous vous adressez au bureau des objets perdus. Vous décrivez votre valise. L'employé vous pose des questions (identité, adresse, téléphone, description de la valise). Vous lui donnez tous les renseignements nécessaires.

2. Vous faites des courses. Vous allez dans un magasin pour acheter un vêtement. Vous expliquez à la vendeuse ce que vous désirez (style, couleur, taille, prix) Elle vous propose un vêtement, vous hésitez. Elle arrive à vous convaincre.

3. Vous voulez faire une fête pour votre anniversaire. Vous téléphonez à votre ami(e) pour l'inviter et vous lui demandez des idées pour organiser la soirée. Elle vous propose de louer une discothèque et de venir vous aider.

4. Vous hésitez entre un séjour dans un club de vacances et un voyage découverte en Afrique du Nord. Vous allez dans une agence de voyage pour avoir plus d'informations (prix, hébergement, déplacements, climat)

5. Vous désirez pratiquer un sport. Vous allez dans un gymnase pour avoir des informations sur les activités proposées.

6. Vous faites connaissance avec quelqu'un. Vous comparez votre vie quotidienne, vos activités professionnelles et vos loisirs.

7. Vous rencontrez par hasard un ancien ami. Vous parlez du passé, des circonstances où vous vous êtes connus. Vous lui posez des questions sur sa vie, sur son travail. Vous racontez ce que vous avez fait depuis que vous ne l'avez pas vu. Vous l'invitez à une soirée.

Vous allez entendre 4 dialogues. L'enregistrement sera passé 3 fois. Après la première écoute, vous aurez 3 minutes pour lire les questions. A la deuxième écoute, vous aurez une minute après chaque dialogue pour répondre aux questions. Puis, vous entendrez une troisième fois les dialogues sans pause. Pour finir, vous aurez 5 minutes pour compléter et relire vos réponses.

Dialogue 1.

Le client veut une chambre
☐ du 5 avril au 10 avril.
☐ du 4 avril au 10 avril.
☐ du 6 avril au 10 avril.

Le réceptionniste dit que
☐ l'hôtel est complet.
☐ il y a peut-être une solution.
☐ il n'y a pas de problèmes.

Le réceptionniste propose
☐ une chambre pour deux personnes pour tout le séjour.
☐ deux chambres pour une personne pour tout le séjour.
☐ deux chambres pour une personne puis une chambre pour deux personnes.

Dialogue 2.

Le touriste est dans
☐ une papeterie.
☐ un magasin de souvenirs.
☐ un magasins de disques.

Le touriste a des enfants
☐ de 2 ans et de 16 ans.
☐ de 12 ans et de 6 ans.
☐ de 12 ans et de 16 ans.

Le touriste choisit
☐ un tee-shirt et un poster.
☐ deux tee-shirt.
☐ un poster et un CD.

Dialogue 3.

Marion veut
☐ déplacer son rendez-vous avec Antoine.
☐ confirmer son rendez-vous avec Antoine.
☐ annuler son rendez-vous avec Antoine.

Marion a connu Henri
☐ il y a 2 ans.
☐ il y a un mois.
☐ il y a une semaine.

Henry est
☐ petit, avec des yeux noirs et des cheveux blonds.
☐ grand, avec des yeux marron et des cheveux bruns.
☐ grand, avec des yeux verts et des cheveux bruns.

Dialogue 4.

Lucas était
☐ très content de son séjour.
☐ assez satisfait.
☐ très déçu de son séjour.

Le temps était
☐ toujours beau.
☐ mauvais.
☐ beau avec un peu de pluie.

Lucas conseille à Lou de visiter
☐ des châteaux, une cave, un musée.
☐ des châteaux, une cave, des jardins.
☐ des châteaux, un parc d'attraction, des musées.

ÉCRIT

3 Vous passez quatre jours dans le midi. Le deuxième jour, vous écrivez une lettre à vos parents. Vous racontez ce que vous avez fait, comment vous vous sentez et ce que vous allez découvrir. Vous terminez votre lettre en leur proposant un voyage à effectuer ensemble pour fêter leur anniversaire de mariage (100 à 200 mots).

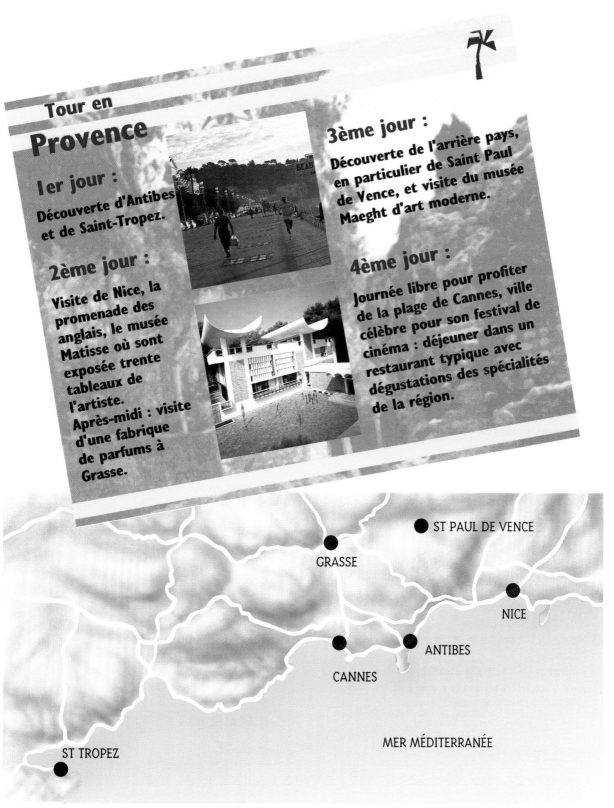

Tour en Provence

1er jour :

Découverte d'Antibes et de Saint-Tropez.

2ème jour :

Visite de Nice, la promenade des anglais, le musée Matisse où sont exposée trente tableaux de l'artiste.
Après-midi : visite d'une fabrique de parfums à Grasse.

3ème jour :

Découverte de l'arrière pays, en particulier de Saint Paul de Vence, et visite du musée Maeght d'art moderne.

4ème jour :

Journée libre pour profiter de la plage de Cannes, ville célèbre pour son festival de cinéma : déjeuner dans un restaurant typique avec dégustations des spécialités de la région.

ST PAUL DE VENCE

GRASSE

NICE

ANTIBES

CANNES

MER MÉDITERRANÉE

ST TROPEZ

Travailler avec le CD audio

Unité 1 11

PROJETS DE VOYAGE

Activité 1 P. 106 Exercice 1
1. Ma banque organise un voyage au Maroc.
2. Je crois que ça me fera du bien.
3. En Ecosse, le ciel est souvent bleu.
4. Un petit tour en Suède, ça te dit ?
5. Je vous ai réunis pour parler du voyage scolaire.

LES PAYS

Activité 2 P. 108 Exercice 4
1. J'ai visité la Turquie et la Grèce.
2. Je ne connais ni la Suède, ni la Norvège.
3. J'aimerais visiter les Etats-Unis.

Activité 3 P. 108 "Les prépositions avec les noms de pays"
1. Elle habite en Espagne.
2. Il arrive des États-Unis.
3. Il est né en Iran.
4. Il est originaire d'Iraq.

EXPRIMER L'OPINION

Activité 4 P. 109 "Exprimer l'opinion"
1. C'est beau.
2. Je pense que tu as raison.
3. Ça me plaît.
4. Je suis pour.
5. Il me semble que tu as tort.
6. À mon avis, c'est faux.
7. Je pense que tu te trompes.
8. Pas du tout, je suis contre.
9. C'est épuisant.

Activité 5 P. 109 Exercice 8
1. Moi aussi, je l'adore.
2. Je pense vraiment que tu as raison, après tout sera plus simple pour l'économie.
3. Pas du tout, je suis contre, à mon âge, c'est trop difficile.

Activité 6 P. 109 Exercice 9
1. C'est bien de laisser voter les jeunes à 16 ans.
2. A 16 ans, ils sont trop jeunes, je suis contre.

PARLER DU CLIMAT

Activité 7 P. 110 "Décrire le climat"
1. Il fait beau et la mer est calme.
2. Le ciel est bleu, mais il y a du vent.
3. Il fait froid et il neige.
4. Il y a du brouillard et la mer est agitée.

Activité 8 P. 110 Exercice 11
1. En Espagne, le ciel sera nuageux.
2. En France, il pleuvra.
3. Moscou sera la ville la plus froide d'Europe.

LES PRONOMS COMPLÉMENTS D'OBJET DIRECT

Activité 9 P. 111 "Les pronoms compléments d'objet direct"
1. Anne la comprend.
2. Le directeur le salue.
3. Paul l'aime beaucoup.
4. Le professeur les interroge.
5. Je l'adore.
6. Il ne les écoute plus.

Activité 10 P. 112 Exercice 14
1. Moi, je la trouve très sympathique.
2. Moi, je l'aime beaucoup.
3. Moi, je ne la nettoie jamais.
4. Moi, je le prépare.
5. Moi, je l'oublie souvent.
6. Moi, je le fais toujours.

Activité 11 P. 112 "Les pronoms compléments d'objet direct"
1. Il me voit.
2. Il m'admire.
3. Elle te regarde.
4. Elle t'aime.
5. On nous salue.
6. Nous vous excusons.

LES SONS [b] / [v]

Activité 12 P. 114 "les sons [b] / [v]"
1. Bon voyage, Brigitte !
2. Un verre ou une bouteille ?
3. Il vit à Biarritz.
4. Elle s'en va de bon matin.
5. Il travaille dans un beau bureau.

CONJUGAISON

Activité 13
1. Partir : je pars, nous partons, ils partent.
2. Je suis parti, tu n'es pas parti.
3. Je partirai.

Unité 2 12

VACANCES SPORTIVES

Activité 1 P. 115 Exercice 1
1. Je me suis retrouvé chez le médecin.
2. Je me lève tôt pour profiter toute seule de la plage.
3. Au début, il m'a dit "Je n'y arriverai jamais".
4. Je leur dis "Pas de panique !".
5. Je nage tous les jours.
6. Je lui ai fait découvrir ce sport.

LES VERBES PRONOMINAUX

Activité 2 P. 116 "Les verbes pronominaux"
1. Se reposer : je me repose, tu te reposes, il se repose, elle se repose, on se repose, nous nous reposons, vous vous reposez, ils se reposent, elles se reposent.
2. Je ne me repose pas pendant la semaine.
3. Tu t'ennuies ?
4. Je m'habille vite !

Activité 3 P. 117 Exercice 5
1. Ils s'aiment, ils ne se critiquent pas, il se téléphonent, ils ne se détestent pas.
2. Ils s'aident, ils se sourient, ils s'écoutent, ils se corrigent, ils ne se surveillent pas, ils ne se parlent pas en anglais.

Activité 4 P. 118 "Les verbes pronominaux à l'impératif"
1. Se réveiller : réveille-toi, ne te réveille pas.
2. Réveillons-nous, ne nous réveillons pas.
3. Réveillez-vous, ne vous réveillez pas.

Activité 5 P. 119 Exercice 9
1. Expliquez-vous plus clairement !
2. Excuse-toi !
3. Dépêche-toi !
4. Douchez-vous !

EXPRIMER L'INQUIETUDE / RASSURER

Activité 6 P. 119 "Exprimer l'inquiétude / rassurer"
1. Je n'y arriverai jamais !
2. Ne vous inquiétez pas, il suffit de faire comme ça !
3. Qu'est-ce que je peux faire ?
4. Tout va s'arranger !
5. Allons, ne t'en fais pas !
6. Je ne sais plus quoi faire !

7. Calmez-vous !
8. Je suis inquiète !
9. Pas de panique, ce n'est pas grave !
10. Ça m'angoisse !
11. Ne te fais pas de souci !

Activité 7 P. 120 Exercice 12
1. Mais comment je vais faire ? Je n'ai plus d'argent et nous sommes seulement en début de mois !
2. Ne t'inquiète pas, je vais te prêter de l'argent !
3. Qu'est-ce que je peux faire ? Lucas, mon fils rentre de plus en plus tard ! Et en plus, il a de mauvais résultats à l'école !
4. Ne vous faites pas de souci ! Ça va lui passer, il est jeune, et je peux parler avec lui si vous voulez !

PARLER DE SES HABITUDES

Activité 8 P. 120 "Parler de ses habitudes"
1. Je lis un quotidien tous les jours.
2. Je vais parfois voir une exposition.
3. Je regarde rarement des films policiers.
4. Je ne prends jamais le métro.
5. Je ne mange jamais d'escargots.

Activité 9 P. 121 Exercice 16
1. Ils mangent tous les jours au Mac Donald.
2. Ils voyagent souvent.
3. Ils prennent toujours des photos.

LES PRONOMS COMPLÉMENTS D'OBJET INDIRECT

Activité 10 P. 122 "Les pronoms compléments d'objet indirect"
1. Henri me téléphone souvent mais il ne m'écrit jamais.
2. Henri te téléphone souvent mais il ne t'écrit jamais.
3. Henri lui téléphone souvent mais il ne lui écrit jamais.
4. Henri nous téléphone souvent mais il ne nous écrit jamais.
5. Henri vous téléphone souvent mais il ne vous écrit jamais.
6. Henri leur téléphone souvent mais il ne leur écrit jamais.
7. Je lui ai demandé un service.
8. Je ne lui ai pas envoyé de cadeau.

Activité 11 P. 123 Exercice 20
1. Je les invite à une réception, je leur achète le dernier CD de Sting, je leur offre des fleurs, je ne les insulte pas.
2. Je le salue, je ne lui envoie pas de cartes postales, je lui dis qu'il y a trop de bruit, je lui donne des pourboires.

LES SONS [s] / [z]

Activité 12 P. 125 "les sons [s] / [z]"

1. Leurs examens sont assez difficiles.
2. Ils aiment les glaces à la fraise.
3. Elles s'offrent des roses à chaque anniversaire.
4. Ils se sont aimés il y a six ans.
5. Ils ont des CD très intéressants.

CONJUGAISON

Activité 13

1. Répondre : je réponds, nous répondons, ils répondent.
2. J'ai répondu, nous n'avons pas répondu.
3. Je répondrai.

Unité 3 13

CARTES POSTALES

Activité 1 P. 126 Exercice 1

1. On restera ici jusqu'au 30.
2. Je suis folle de joie.
3. Hier, on voulait goûter une ratatouille.
4. Marion nous a emmenés dans le restau de ses oncles.
5. On n'a pas d'argent et ça m'énerve.
6. Chère Mamie, tu avais raison.

L'IMPARFAIT/LE PASSÉ COMPOSÉ

Activité 2 P. 127 "L'imparfait"

1. Ce matin, j'ai retrouvé mon portefeuille.
2. Hier soir, j'étais très fatiguée.
3. Sur cette photo, le ciel était nuageux.
4. Quand j'étais petit, je jouais au football.

Activité 3 P. 128 Exercice 5

1. C'était une chanteuse.
2. Elle était de nationalité égyptienne.
3. Elle est arrivée à Paris en 1955.
4. Elle a vendu plus de 85 millions de disques.

ÉVOQUER SES SOUVENIRS

Activité 4 P. 129 "Évoquer ses souvenirs"

1. Je me souviens que tout était facile.
2. A cette époque-là, il n'y avait pas de télé.
3. Rappelle-toi, les enfants jouaient dans les rues.
4. Autrefois, chaque famille avait une seule voiture.
5. De mon temps, nous allions à l'école à pied.
6. N'oublie pas que la vie était moins chère.

Activité 5 P. 130 Exercice 10

1. Sur cette photo, j'étais à la mer avec ma famille.
2. Mon frère avait 17 ans.
3. Nous étions au pays basque.

EXPRIMER LA SATISFACTION / L'IRRITATION

Activité 6 P. 131 "Exprimer la satisfaction"

1. Comme c'est gentil !
2. Comme je suis contente !
3. Avec plaisir !
4. C'est génial !

Activité 7 P. 131 "Exprimer l'irritation"

1. J'en ai assez !
2. Ça m'énerve !
3. Ça suffit !
4. J'en ai marre !

Activité 8 P. 131 Exercice 13

1. C'est formidable !
2. J'en ai marre de Frank, il est très individualiste.
3. Oh oui, c'est génial, ton idée !

LES EXPRESSIONS DE TEMPS (2)

Activité 9 P. 132 Exercice 14

1. Dès son arrivée au bureau, Paulette téléphone à sa mère.
2. Paulette va déjeuner à midi.
3. Tous les jours, Paulette déjeune en une heure, de midi à 13 heures.
4. Paulette reste dans son bureau jusqu'à 17 heures.
5. Avant son retour à la maison, Paulette fait ses courses.
6. Après le dîner, Paulette regarde la télé.

Activité 10 P. 133 Exercice 17

1. Où étiez-vous à 14 heures ?
2. De 13 heures à 14 heures, j'ai déjeuné dans le restaurant de l'hôtel.
3. Et qu'est-ce que vous avez fait dans l'après-midi ?
4. Jusqu'à 16 heures, je suis restée à la clinique Beauséjour.

LES ACCENTS

Activité 11 P. 135 "Les accents"

1. Il fait du cinéma.
2. Cette fête est vraiment une réussite.
3. C'est la fenêtre de la troisième pièce.
4. Elle est très élégante.
5. La banque nous accorde un prêt.

Transcriptions des cassettes

Dossier 1 : Arrivée

Unité 1 : Présentations

Page 6 Exercice 1

Écoutez et retrouvez les messages en français.

1. Je m'appelle Hubert, je suis à Montréal, je prends le métro.
2. Mi chiamo Paola, sono all' aeroporto di Ciampino di Roma.
3. My name is John, I'm taking a taxi to visit London.
4. Je m'appelle Sonia, je suis à Bruxelles à l'aéroport.
5. Nous nous appelons Marc et Christian, notre train pour Lyon est à deux heures.

Page 7 Exercice 4

Soulignez les phrases que vous avez entendues.

A.
1. Tu es journaliste.
2. Nous sommes français.
3. Ils sont photographes.
4. Vous êtes anglais.

B.
1. J'ai un livre.
2. Elle a trois valises.
3. Ils ont un passeport espagnol.
4. Vous avez une adresse à Paris.

Page 8 Exercice 7

Écoutez et associez le dessin au dialogue correspondant .

1. — Bonjour, Madame Alix, comment allez-vous ?
   — Bien merci et vous ?
   — Très bien, au revoir !
2. — Bonjour Étienne , comment vas-tu ?
   — Très bien, Monsieur, et vous ?
   — Pas mal, merci !
3. — Salut Antoine, ça va ?
   — Non, pas du tout, Adèle, et toi ?

Page 9 Exercice 8

Écoutez et faites correspondre chaque dialogue à un dessin.

1. — Bonjour,tu t'appelles comment ?
   — Paulette et toi ?
   — Moi, c'est Marion !
2. — Salut, tu t'appelles comment ?

— Agnès.
— Moi, je m'appelle Albert !
3. — Bonjour, monsieur, je me présente, je m'appelle Yves Vallet !
   — Enchanté, je m'appelle Simon de La Porte ! Merci d'être venu me chercher.

Page 9 Exercice 10

Soulignez dans le tableau les chiffres et les nombres que vous entendez dans ces phrases, puis lisez-les.

1. Une fois cinq font 5, 2 fois 5 font 10, 3 fois 5 font 15, 4 fois 5 font 20…
2. Un, deux, trois partez !
3. Le train pour Nantes est annoncé au quai 25 !
4. Auxerres-St Etienne 6 à 2 !
5. Voilà vos 1.000 francs !
6. Vous avez gagné 90 francs ! Bravo !
7. Le Monde plus Paris-Match, ça fait 21 francs !
8. 90 moins dix font 80.
9. Les passagers du vol AF70 pour Londres sont attendus au terminal B.

Page 10 Exercice 11

Écrivez les numéros de téléphone donnés dans ces messages publicitaires.

1. Vite les vacances ! Appelez le 02 31 10 37 55.
2. Des fleurs pour votre femme ? C'est le 04 81 61 99 88.
3. Radio Taxi ! Appelez le 05 60 00 74 74.
4. Renseignements hôtels? Appelez le 01 77 41 80 80.
5. Pizzas à domicile ! Vite le 04 28 46 65 66.

Page 10 Exercice 12

Observez la carte des autoroutes françaises. Écoutez l'enregistrement et écrivez en chiffres le prix des différents parcours.

1. Paris — Lille 74F.
2. Paris — Angers 131F.
3. Paris-Boulogne 99F.
4. Montpellier — Perpignan 79F.
5. Clermont-Ferrand — Lyon 54F.

Page 10 Exercice 14

Écoutez le message et remplissez le chèque ci-dessous.

Monsieur, vous devez 3.475 francs.

Page 11 Exercice 15

A. Observez le plan de l'Ile de la Cité puis après écoute, soulignez dans le texte les endroits visités par ce touriste.

Dans le quartier de l'Ile de la Cité, je visite le pont Neuf, la tour Saint-Jacques, l'église de la Sainte Chapelle, l'Hôtel de Ville, les musées Carnavalet et Picasso.

Page 13 Exercice 20

En écoutant la chanson, regardez le tableau ci-dessous.

ABCDEFGHIJKLMNOPQRSTUVWXYZ.

Page 13 Exercice 21

Écoutez et répétez.

1.— Je m'appelle Bernard Dupont.
   — Épelez, s'il vous plaît !
   — B. E. R. N. A. R. D. puis D. U. P. O. N. T.
2.— Vous vous appelez comment ?
   — Stefania Olivares.
   — Comment ?
   — S. T. E. F. A. N. I. A. puis O. L. I. V. A. R. E. S.
3.— Vos nom et prénom ?
   — Sato Mariko.
   — Épelez , s'il vous plaît !
   — S. A. T. O. puis M. A. R. I. K. O.

Page 13 Exercice 23

Écoutez et complétez ce bordereau.

- Nom du destinataire : André Petit : A comme Agnès, N comme Nicolas, D comme Denis, R comme Raoul, É comme Émilie ; puis P comme Pierre, E comme Eric, T comme Thérèse, I comme Irène, T comme Thérèse. Signature de l'expéditeur : Pascale Rousse : P comme Pierre, A comme Agnès, S comme Suzanne, C comme Claude, A comme Agnès, L comme Laurence, E comme Eugène ; puis R comme Raoul, O comme Odile, U comme Ursula, 2 S comme Suzanne, E comme Eric.

Unité 2 : Premiers contacts

Page 14 Exercice 1

Le dessinateur a commis trois erreurs : écoutez l'enregistrement et retrouvez-les.

— Bonjour, monsieur, vous êtes le chauffeur de l'hôtel Palace ?

– Oui, monsieur.

– Je suis Monsieur Lloyd.

– Comment ? Vous pouvez épeler votre nom?

– Lloyd, 2.L.O.Y.D.

– Larce... Lesley...Lisas... Lloyd. Oui, monsieur, vous figurez sur ma liste, montez, s'il vous plaît.

– Bonjour, je m'appelle Paula Jauno.

– Jauno... Ah!... Je n'ai pas votre nom.

– Jauno J.A.U.N.O., je suis espagnole, de Toledo.

– Non, madame, votre nom n'est pas sur ma liste, vous êtes sûre du nom de l'hôtel?

– Mais enfin, monsieur, regardez ce fax ! J'ai une réservation pour l'hôtel Palace!

– Ah non, madame, vous avez une chambre à l'hôtel Plaza et non pas à l'hôtel Palace.

– Ah non, ce n'est pas possible. Je préfère l'hôtel Palace. Il est au centre.

Page 15 Exercice 3

Écoutez l'enregistrement et indiquez à côté de chaque nom de la liste le numéro correspondant.

1. R.O.M.E.R.O.
2. S.O.2L.E.R.S.
3. P.I.E.R.D.E.T.
4. C.H.E.R.K.Y.
5. V.A.2N.I.N.I.
6. S.I.M.O.2N.E.A.U.
7. S.T.I.L.B.E.R.G.

Page 16 Exercice 6

Écoutez puis et trouvez la forme verbale correcte.

1. Tu aimes la voiture de Tom ?
2. Ils changent de maison.
3. J'adore la ville de Caen.
4. Tu appelles ton ami ?
5. Comment vous épelez votre nom ?
6. D'accord, je te donne mon numéro de téléphone.
7. Celsio habite à Lisbonne.
8. Elles parlent au chauffeur de l'hôtel.

Page 17 Exercice 7

A. Observez la liste de l'hôtel, puis écoutez l'enregistrement. Pour chaque cas, dites si le voyageur figure ou non sur la liste.
Exemple :

– Bonjour, monsieur, je m'appelle Yumi Ushida.

– Non, madame, vous ne figurez pas sur la liste.

– Monsieur, s'il vous plaît, je m'appelle Rose Sellary.

– Oui, vous êtes sur la liste, madame.

1. Mon nom est Dickerson, D.I.C.K.E.R.S.O.N.
2. Je m'appelle Polley, Edward Polley, P.O.2L.E.Y.
3. Baclay, mon nom est Baclay, B.A.C.L.A.Y.
4. Je m'appelle Tullman, Phillip Tullman, T.U.2L.M.A.N.
5. Mon nom est Rodriguez, Élisa Rodriguez, R.O.D.R.I.G.U.E.Z.
6. Je m'appelle Dayanne, D.A.Y.A.2N.E.

Page 18 Exercice 9

Observez, écoutez attentivement l'intonation puis lisez les phrases à voix haute.

1. Vous cherchez un bar à vin sympathique ?
2. Vous aimez faire du cheval ?
3. Vous désirez réserver 2 places pour l'Opéra Bastille ?
4. Vous cherchez les horaires d'ouverture de la Sainte Chapelle ?
5. Vous cherchez un hôtel dans le quartier de la Tour Eiffel ?

Page 18 Exercice 10

Voici une série de phrases. Certaines sont des affirmations, d'autres des négations, d'autres encore des interrogations. Pour chaque phrase, cochez la ou les cases correspondantes.
Exemple : Je m'appelle Laure.

1. Vous cherchez un hôtel ?
2. Je ne monte pas sur la Tour Eiffel.
3. Vous avez une chambre du 2 au 6 octobre ?
4. Tu n'aimes pas le thé ?
5. Les touristes quittent l'aéroport.
6. Vous avez besoin des horaires d'ouverture des banques ?
7. Il habite pas à Lyon.
8. Vous n'êtes pas française ?
9. Vous vous appelez Jean Renoir ?
10. Il parle chinois.
11. La gare est là-bas.

Page 19 Exercice 12

Écoutez les questions puis cochez la case correspondante. Si c'est le "tu" qui est utilisé, question amicale ; si c'est le "vous", question formelle.

1. Tu t'appelles Jérôme ?
2. Vous répétez, s'il vous plaît ?
3. Tu habites Rome ?
4. Tu travailles à la maison ?
5. Vous mangez au restaurant ?
6. Tu es canadienne ?
7. Vous arrivez à l'aéroport de Roissy ?
8. Vous cherchez un hôtel au centre ?

Page 19 Exercice 14

Écoutez le dialogue et, à l'aide du tableau "Exprimer ses goûts et ses préférences", complétez la grille.

– Vous permettez ?

– Bien sûr, je vous en prie, cette place est libre.

– Vous êtes à Paris pour la première fois ?

– Oh non, je suis suédois mais je visite souvent la France. J'adore Paris.

– Oh, oui, vous avez raison, Paris est une ville magnifique, mais moi, j'aime bien d'autres villes aussi, Rennes, Strasbourg, Lille... Et vous ?

– Moi, j'aime mieux le Sud de la France, Avignon, Montpellier, la Côte d'Azur, Nice, Cannes, St Raphaël.. Je déteste la pluie et le froid. Vous aimez la côte d'Azur ?

– Oh, non, il y a trop de touristes.

Page 20 Exercice 16

Écoutez et observez.

1. chilien
2. philippine
3. allemand
4. anglais
5. espagnole
6. belge
7. chilienne
8. marocaine
9. espagnol
10. japonais
11. italienne
12. philippin
13. argentine
14. chinoise
15. italien
16. japonaise
17. allemande
18. anglaise
19. marocain
20. italien
21. argentin
22. chinois

23. tunisienne

Page 20 Exercice 17
Écoutez et complétez.
1. Yan est japonais. Yumi est japonaise.
2. Ettore est italien. Elvira est italienne.
3. Phillip est américain. Dorothy est américaine.
4. François est belge. Barbara est belge.
5. Pablo est espagnol. Carmen est espagnole.
6. Jorge est argentin. Estela est argentine.
7. Rolf est allemand. Erika est allemande.
8. Kui est chinois. Ou est chinoise.

Page 20 Exercice 19
À qui parle Anne ? À un homme ? À une femme ? On ne sait pas ? Pour chaque phrase, mettez une croix dans la case correspondante.
1. Tu es suisse ?
2. Tu es mexicain ?
3. Tu es française ?
4. Tu es coréen ?
5. Tu es chinoise ?
6. Tu es russe ?
7. Tu es thaïlandais ?
8. Tu es australienne ?

Page 22 Exercice 24
Écoutez ces phrases et marquez les élisions.
Exemple : J'aime les glaces
1. C'est un portugais.
2. Ils s'appellent Henri et Max.
3. L'université est à Bruxelles.
4. L'hôtel n'est pas cher.
5. Elle a une valise.
6. Quelle est son adresse?
7. J'étudie une leçon de français.

Unité 3 : Renseignements

Page 23 Exercice 1
Écoutez puis répondez aux questions par "vrai" ou "faux".
— Bonsoir, Monsieur.
— Bonsoir, je voudrais une chambre, s'il vous plaît.
— Une chambre pour une ou deux personnes ?
— Une chambre pour une personne.
— Très bien, désirez-vous une salle de bains ?
— Oui, s'il vous plaît.Quel est le prix de la chambre ?
— 300 francs plus le petit déjeuner à 30 francs et une taxe de séjour de 5 francs.
— Très bien, d'accord
— Est-ce que vous préférez votre petit déjeuner dans la chambre ou au restaurant de l'hôtel ?
— Dans la chambre, si c'est possible...
— Pas de problème. Quelle est votre date de départ ?
— Demain matin.
— Parfait, le 31 juillet. Voici votre clé, c'est la chambre 244. Au deuxième étage.
— Je vous remercie.

Page 24 Exercice 3
Écoutez l'enregistrement et complétez cette fiche.
— Votre nom ?
— Kubrick.
— Vous pouvez épeler, s'il vous plaît ?
— K .U. B .R.I.C.K.
— Prénom ?
— Monica.
— Date et lieu de naissance ?
— Je suis née le 11 mars 1953, à Toronto.
— Quelle est votre adresse ?
— 905 Logan Avenue,Toronto.
— Profession ?
— Actrice.
— Quelle est votre nationalité ?
— Canadienne.
— Numéro de votre passeport ?
— 108518S.
— Votre date d'arrivée ?
— Le 30 juillet.
— Votre date de départ ?
— Le 5 septembre.

Page 25 Exercice 7
Écoutez puis complétez ces phrases en indiquant si nécessaire la marque du pluriel.
Exemple : Voici des maisons du XVe siècle.
1. J'adore les émissions de variétés.
2. Ils écoutent une cassette des Spice Girls.
3. Jeanne passe des vacances excellentes.
4. Nous aimons les desserts.

Page 27 Exercice 11
Écoutez le dialogue entre un touriste et l'employé de l'office du tourisme. Observez le tableau, puis relevez les questions en les classant.

— Bonjour, vous désirez ?
— Je voudrais visiter la Cité des Sciences et de l'Industrie, est-ce que c'est bien à Montparnasse ?
— Non, c'est à la Villette !
— Ah bon, avez-vous un plan de Paris ?
— Oui, bien sûr ! Tenez !
— Merci, c'est très gentil !

Page 27 Exercice 12
Écoutez puis écrivez chaque question devant la réponse correspondante.
1. Est-ce qu'ils arrivent en avion ?
2. Quelle est votre profession ?
3. Quel âge avez-vous ?
4. Préférez-vous du pain ou des croissants ?
5. Habitez-vous à Lyon ?

Page 27 Exercice 13
Les répliques de deux dialogues sont mélangées. Écoutez puis reconstituez les deux dialogues.
Dialogue 1.
— Vous êtes irlandais ?
— Non, pas du tout, je suis grec .
— Est-ce que vous êtes en vacances ?
— Non, je suis à Paris pour le travail .
Dialogue 2.
— Est-ce que vous aimez le rock ?
— Oui beaucoup, c'est ma musique préférée.
— Et vous écoutez d'autres musiques ?
— Oui... Mozart et du jazz !

Page 30 Exercice 19
Écoutez ces trois phrases et associez-les aux documents.
1. Nous ne faisons pas de demi-pension.
2. C'est dans une ferme à la campagne. Les clients peuvent partager les repas de la famille.
3. Ce camping a deux étoiles, vous avez les toilettes, un téléphone public et l'eau courante.

Page 30 Exercice 20
Écoutez et soulignez les liaisons.
Exemple : des étudiants
1. J'ai des amis polonais.
2. Ils aiment les animaux.
3. Chez eux ou chez elles ?
4. C'est un grand immeuble.
5. Sans eux, je ne vais pas au cinéma.
6. Je vais de plus en plus au théâtre.
7. Quand il est à Nice, il est heureux.

Page 31 Exercice 1

Écoutez ce dialogue et remplissez la fiche d'inscription de Sophie Dulac au cours d'informatique sur le modèle de la fiche de Sabine Delmont.

— Quel est votre nom, mademoiselle ?

— Je m'appelle Sophie Dulac.

— Dulac, un "L" ou deux "L"?

— Un "L": S.O.P.H.I.E. D.U.L.A.C.

— Date et lieu de naissance, s'il vous plaît.

— Lille, le 23 février 1978.

— Adresse ?

— 3, rue du Château, Clermont-Ferrand.

— Votre numéro de téléphone ?

— 04.73.72.51.13.

— Bon, voici votre fiche d'inscription, le cours commence demain. Merci, mademoiselle, et à bientôt.

— Au revoir, monsieur.

Dossier 2 : Dans la ville

Unité 1 : Dans les magasins

Page 36 exercice 1

Écoutez ces annonces et remplissez le tableau ci-dessous.

1. Allez vite à notre stand Bijouterie à l'entrée du magasin. Aujourd'hui, il y a une promotion de 20% sur les bijoux en or ! Ces promotions sont exceptionnelles ! Il faut penser à la fête des Mères ! C'est une occasion unique pour offrir un joli bijou à un prix intéressant !

2. Noël approche ! Allez à notre rayon parfumerie, et profitez des réductions de 30% sur tous les parfums. Ce rayon est au rez-de-chaussée, à gauche de l'entrée. Faites de bons achats et joyeux Noël !

3. Organisez la rentrée scolaire ! Faites vos courses ! Achetez à vos enfants des vêtements et le matériel scolaire nécessaire. Au deuxième étage, au fond, à droite des escaliers roulants ! N'attendez pas le dernier jour ! Avec plus de 500 francs d'achats, il y a un cadeau pour vous : un repas gratuit pour 2 personnes à notre restaurant !

4. Partez en vacances avec l'agence de voyages d'Uniprix ! Préparez vos vacances d'été ! Vous désirez partir au Sahara ? En Espagne ? Pas de problème ! Cette semaine, il y a des réductions de 500 francs sur les billets Air France. Entre le rayon vêtements et le rayon disques, au premier étage, des employés sont là pour répondre à vos questions ! Ne dépensez plus des fortunes pour partir !

Page 38 exercice 6

Écoutez puis écrivez les messages des répondeurs téléphoniques et dites pourquoi on les a laissés.

1. Bonjour, docteur Grange à l'appareil, veuillez m'appeler avant 13 h au 05 50 48 56 78 pour prendre un rendez-vous pour demain.

2. N'allez pas au dîner chez Catherine. Il est annulé.

3. Apporte les livres de français, nous avons un exercice à faire.

4. Regarde la télé ce soir, ils passent un film formidable !

5. Sois à l'heure demain au bureau. Nous avons une réunion à 9h.

Page 41 Exercice 11

Regardez le plan ci-dessous et le ticket de caisse de Mme Berthier.

A. Écoutez puis cochez sur le plan tous les rayons où la cliente doit aller.

Mme Berthier, pour faire ses courses, va à l'hypermarché Des Bois Beaumont. Elle a sa liste de courses. Elle doit acheter de l'eau, un cahier, des céréales au chocolat, un déodorant, du beurre, une pizza surgelée, du lait, du pain, un pull pour son mari, des fleurs pour l'anniversaire de sa mère. A la caisse, elle doit payer 5F60 pour le pain, 120F60 pour le poisson. Au total, elle dépense en espèces 457F90. La caissière va lui rendre 42F10.

Page 45 Exercice 20

Écoutez puis associez les phrases entendues avec ces documents.

1. A quelle heure ouvre le magasin ?

2. Où est le rayon papeterie ?

3. Où sont les caisses ?

4. Je peux avoir un paquet cadeau ?

5. La sortie, s'il vous plaît ?

6. Est-ce qu'il y a un marché près d'ici ?

7. L'hypermarché Carrefour est en banlieue.

Page 46 Exercice 22

Écoutez les phrases suivantes et barrez les lettres finales qui ne se prononcent pas.

Exemple : Bonjour monsieur, ici l'hôtel Denis !

1. Comment allez-vous ?

2. Je suis désolé, votre chambre n'est pas prête.

3. Le prix est de 3 francs.

4. Tu parles trop.

5. Il faut venir à Paris.

6. Il y a trop de monde.

7. Au nord, il pleut.

8. J'ai mon sac noir avec moi.

9. C'est un enfant vif.

10. Apprenez les verbes "aller" et "manger".

Unité 2 : Au restaurant

Page 47 exercice 1

Indiquez, à côté de chaque table du restaurant, le numéro du dialogue correspondant.

Dialogue n° 1 :

— Pour moi, du poulet, avec de la salade.

— Et pour moi, du sauté de veau avec de la purée. Et toi, mon chéri, qu'est-ce que tu prends ?

— Moi, monsieur, je voudrais deux grandes glaces, une avec beaucoup de chocolat et un peu de fraise et l'autre avec beaucoup de noisette et beaucoup de chantilly, et aussi un grand coca.

Dialogue n° 2 :

— Oh, il y a du bruit ici, changeons de table.

— Tu as raison, chérie, la cuisine est juste à côté. Regarde, il y a une table libre là-bas. Monsieur, s'il vous plaît, nous préférons cette table au fond.

— Je suis à vous tout de suite.

Dialogue n° 3 :

— Et qu'est-ce que vous prenez comme boisson?

— Oh, pour moi, pas de vin, juste de l'eau minérale.

— Je voudrais plutôt du vin rouge, mais juste un verre, c'est possible ?

— Bien sûr, madame. Alors, une bouteille d'eau minérale et un verre de vin rouge.

Dialogue n° 4 :

— Tenez, vous avez une formule à 80 francs ou alors vous pouvez choisir sur la carte.

— Moi, je prends votre menu : du melon comme entrée, un steak frites et une tarte aux pommes.

— Moi, non, je fais un régime en ce moment, je voudrais juste une salade niçoise.

— Parfait, un menu et une salade niçoise. Vous voulez un apéritif en attendant ?

— Oh non, merci, juste de l'eau.

Dialogue n° 5 :

— Mais monsieur, nous avons pris de l'eau minérale et vous nous comptez une bouteille de Côtes du Rhône.

— Oh, excusez-nous, madame, il y a une erreur, cette addition est sûrement pour une autre table. Je vais parler avec la caissière.

Dialogue n° 6 :

— Vous voulez commander, madame ?

— Non, merci, j'attends une personne. Quelle heure est-il ?

— Il est une heure vingt.

— Une heure vingt ?!

— Et oui, madame, une heure vingt-trois pour être précis.

— Oh, vingt minutes de retard, c'est trop ! Je peux commander ?

Page 48 Exercice 2

Soulignez, sur ce menu, les commandes que le garçon du restaurant passe à la cuisine.

— Pour la 3, un melon et un steak frites avec un jus de fruits. Pour la 5, une salade printanière, deux poulets basquaise et deux tartes aux pommes, et comme boisson un Perrier. Pour la dix, un sauté de veau-purée et une glace vanille, et comme boisson un Vittel !

Page 50 Exercice 9

Écoutez, puis et complétez la liste des ingrédients pour la crème pâtissière, le quatre quarts aux pommes, et la mousse au chocolat.

1. La crème pâtissière
   60 g de sucre,
   40 g de farine,
   1/2 verre de lait,
   2 oeufs,
   1 sachet de vanille.
2. Le quatre-quarts
   3 pommes,

150 g de sucre,
2 oeufs,
130 g de farine,
70 g de beurre.

3. La mousse au chocolat
   3 plaques de chocolat amer,
   100 g de beurre,
   2 oeufs,
   1/2 verre de sucre,
   1 orange.

Page 52 Exercice 13

Écoutez ces phrases. En cochant la case correspondante, dites si ces personnes demandent le prix, donnent le prix, protestent pour le prix ou s'excusent.

Exemple : C'est combien, ce disque ?

1. Mais il y a une erreur ! Ça ne fait pas 1200 F !
2. Oh, excusez-moi, je me suis trompé pour la viande !
3. Cela fait combien ce pain ?
4. Vous me devez 640 F pour la veste et 360 F pour le pull !
5. Oh non, c'est trop cher ! Voulez-vous vérifier l'addition, s'il vous plaît ?
6. Je suis désolée, la chaine hi-fi est seulement à 2559 F et non à 3559 F !
7. Voilà, madame, c'est 335 F tout compris !

Page 53 Exercice 16

Après avoir observé le tableau ci-dessous, écoutez les questions puis complétez la grille.

Exemple : Où est-ce que tu vas ?

1. Qu'est-ce que tu proposes ?
2. Que pensez-vous de la question ?
3. Combien ça coûte cette veste ?
4. Quand partez-vous de Madrid ?
5. Qui invitez-vous à la réception ?
6. Pourquoi tu ne veux pas venir ?
7. Tu arrives à quelle heure ?

Page 56 Exercice 22

Écoutez ces dialogues et dites où se trouvent les personnes qui parlent.

Exemple : – Allons à la terrasse, il y a une table de libre.

– Ok ! Monsieur, un chocolat s'il vous plaît.

1. — Quel est votre plat du jour?

— Nous avons l'escalope milanaise avec des spaghettis ou alors le coq au vin.

— Oh, non juste un steak avec de la sala-

de, s'il vous plaît.

2. — Et avec le big Mac ?

— Un grand coca et des frites, s'il vous plaît.

3. — J'adore dîner si tard, après un bon film.

— Oh oui, moi aussi. On prend un plateau de fruits de mer pour deux ?

— Oh oui, génial.

4. — Un sandwich au jambon et un verre de lait, s'il vous plaît.

— Pour moi, madame, juste un café.

5. — Une crêpe aux marrons, s'il vous plaît.

— Et pour moi, une au chocolat et une gaufre.

— Ça fait 40 francs.

Page 56 Exercice 23

Écoutez ces mots et complétez le tableau.

1. café
2. semaine
3. télévision
4. cinéma
5. de
6. les
7. parler
8. le
9. redire
10. cité

Page 56 Exercice 24

Écoutez et complétez avec "e" ou "é".

Exemple : J'aime le thé.

1. J'écoute la musique.
2. Il y a un étudiant étranger.
3. Je fais un exposé de français.
4. C'est la vérité.
5. Elle regarde la télévision.

Page 56 exercice 25

Écoutez et complétez avec "le", "les", "ce" et "ces".

Exemple : Le livre de Thierry est sur la table.

1. Ces familles habitent à Lyon.
2. Les photos de mon père sont belles.
3. Ce monsieur est sympathique.
4. Prends les bouteilles de champagne.
5. Le ciel est bleu.

Unité 3 : A la banque

Page 57 Exercice 1

Écoutez ce dialogue et remettez les vignettes dans l'ordre chronologique.

– Ah, c'est pratique aujourd'hui, les distributeurs automatiques pour retirer de l'argent, n'est-ce pas ?

– Oui et non. Écoute ce qui m'est arrivé dimanche dernier : je suis allé rue St-Lazare retirer 300 francs au distributeur. J'ai attendu au moins un quart d'heure parce que le client devant moi a fait beaucoup d'opérations. J'ai enfin inséré ma carte, mais elle est restée à l'intérieur. J'ai donc téléphoné à un numéro spécial que la banque m'a donné avec la carte, mais personne n'a répondu. J'ai passé le dimanche sans argent, je n'ai pas dormi de la nuit et lundi matin, quand les employés sont arrivés à 8 heures, ils m'ont trouvé devant la porte de la banque.

Page 58 Exercice 2

Écoutez ce dialogue et barrez les deux informations inexactes.

– Bonjour, monsieur Sulac, ça va ?

– Non, pas du tout, je suis furieux contre votre banque.

– Qu'est-ce qu'il y a, monsieur ?

– Il y a que ce matin, j'ai regardé les lettres de la banque et je n'ai pas trouvé l'avis d'un virement. Vous savez, mon frère Charles a vendu la voiture de papa, il est allé dans une banque de Strasbourg, où il habite et il a envoyé la moitié de l'argent, 4000 francs, sur mon compte.

– Oui, M. Sulac et vous savez quand et où votre frère a versé l'argent ?

– Non, je ne sais pas.

– Bon, M. Sulac, alors pourquoi vous ne demandez pas à votre frère la date exacte et le nom de la banque de Strasbourg, après, vous venez ici et nous faisons les recherches.

– C'est peut-être une bonne idée, j'appelle Charles ce soir.

– Voilà, et vous venez demain. Au revoir, monsieur.

– Au revoir, madame.

Page 59 Exercice 4

Cochez la phrase entendue.

1. J'ai regardé un livre.
2. Je vais à la gare.
3. Je finis de parler au téléphone
4. J'ai connu cet homme.
5. Je dis que oui.

6. J'ai aimé ce disque.
7. J'ai fait ce travail.

Page 59 Exercice 5

Écoutez l'enregistrement et remettez dans l'ordre l'histoire de Zinedine Zidane en complétant la grille. Puis, soulignez les verbes au passé composé.

Zinedine Zidane a commencé à jouer au football à 12 ans, en Kabylie, avec l'équipe de la "Foresta". À 14 ans, il a demandé l'accord de son père et il est allé en France, à Cannes. En France, il est entré dans l'équipe nationale. En juin 1996, l'équipe italienne de la Juventus de Turin a payé plus de trente millions de francs français et Zidane est devenu joueur de cette équipe. Mais en juillet 1998, il a joué avec l'équipe nationale française et, grâce à ses deux magnifiques buts contre le Brésil, la France a eu l'immense joie de devenir championne du monde de football.

Page 60 Exercice 7

Écoutez le dialogue et complétez le curriculum vitae de Sébastien Larousse.

– Qu'est-ce que vous avez fait après l'université ?

– Et bien, voilà, monsieur, d'abord je suis allé en Angleterre, à Londres, pour perfectionner mon anglais. En Angleterre, j'ai travaillé 6 mois dans une société d'import-export de Bristol comme standardiste.

– Est-ce que vous parlez bien l'anglais ?

– Oh oui, très bien, maintenant. Et puis, à Londres, j'ai fréquenté une école d'informatique et je suis devenu programmeur. Ensuite, je suis rentré en France où j'ai travaillé 3 mois dans une banque régionale à Limoges. Pour finir, j'ai envoyé mon curriculum vitae à plusieurs sociétés d'informatique parisiennes et vous m'avez convoqué.

Page 62 Exercice 12

Écoutez les phrases et soulignez, dans le tableau, les heures évoquées.

1. Le train part à vingt-trois heures cinquante.
2. Rentrez avant minuit !
3. J'ai pris l'avion de quatorze heures dix.
4. Tous les jours, elle déjeune à midi.
5. J'ai rendez-vous avec lui à onze heures moins le quart.

6. Il est huit heures et demie et il n'est pas encore sorti.

Page 62 Exercice 13

Écoutez l'enregistrement et complétez la page des programmes de télévision avec les horaires indiqués.

5h25 Cousteau
6h30 Télématin
8h35 Amoureusement vôtre
9h05 Amour, gloire et beauté
9h30 Donkey Kong
10h55 Flash Infos
11h05 Motus
11h40 Les Z' amours
12h20 Pyramide
13h Journal
13h50 Rex
14h45 Dans la chaleur de la nuit
15h30 Tiercé
15h45 Chicago Hope, la vie à tout prix
16h35 Le prince de Bel-Air

Page 62 Exercice 14

Écoutez ces trois personnes et dites qui est vendeur aux Galeries Lafayette, qui est concierge, et qui est chauffeur de taxi.

1. Je m'appelle Paul Dulac. Je me lève à midi, je mange un petit quelque chose, parce que je préfère rester léger et je commence mon travail à trois heures. En ce moment, je travaille entre 3 h et 11 h du soir, mais mes horaires changent chaque mois. Je n'accepte pas volontiers de travailler après 11 h, c'est plus fatigant et c'est aussi plus dangereux. J'arrive chez moi à minuit, pour regarder le dernier film à la télé.

2. Je m'appelle Antoinette Dinard. Je me lève chaque jour à 5 h et je commence mon travail à 6 h. La matinée passe vite, je distribue le courrier et je nettoie l'escalier, et à une heure et demie je mange avec mon mari. Je reprends mon travail à 4 heures et je termine à 8h. Le soir, je regarde la télé et je vais me coucher vers 10h parce que je suis vraiment fatiguée de ma journée.

3. Moi, c'est Marc Leprest. Je me lève à 6h30, mon travail commence à 8h. À une heure, je mange juste un sandwich, parce que de 1 h à 2 h, c'est l'heure où je travaille le plus. Je termine mon travail à 6 heures. J'arrive chez moi à 7 h et le soir, en général, je reste à la maison. Le samedi, c'est la journée la plus

dure de toute la semaine car tout le monde fait les magasins.

Page 63 Exercice 16

Écoutez ces dialogues, regardez le tableau "Accepter et refuser poliment" et cochez la bonne case.

Exemple :

– *Nous allons au cinéma, ce soir ?*

– *Oh, je voudrais plutôt aller au cinéma demain. Ce soir, je n'ai pas de baby sitter.*

Dialogue n° 1

– Rendez-vous à 15 h devant la gare?

– D'accord.

Dialogue n° 2

– Tu viens chez moi, demain?

– Oh, Sylvie, je suis désolée, mais demain je dois absolument étudier, j'ai un examen lundi.

Dialogue n° 3

– Vous voulez un dessert, madame?

– Oh non, merci, je prends un café, c'est tout.

Dialogue n° 4

– Voulez-vous une place dans le train de 8h20 ?

– Je préfère le TGV de 9h15.

Dialogue n° 5

– Il y a un western à la télé, ça te dit?

– Si tu veux.

Page 66 Exercice 22

Écoutez ces dialogues et choisissez ensuite la phrase correcte pour compléter chaque affirmation.

1. – Ah, non, c'est scandaleux, je ne veux pas payer !

– Je regrette, monsieur, nous ne sommes pas une banque, et, chez nous, il y a une commission à payer pour chaque opération. Par contre, nos conditions de change sont intéressantes et nous sommes ouverts sans interruption tous les jours sauf le dimanche.

2. – Renaud, je veux faire un virement à ma fille, tu peux m'indiquer une banque à côté d'ici ?

– Il y en a une tout près d'ici, c'est une agence de la Société générale, mais fais attention, nous sommes dans une petite ville de province et ici les banques ferment de 12h à 14h.

3. – Ecoute, je ne peux pas aller au cinéma, je n'ai plus de liquide !

– Aucun problème : il y a une banque avec un distributeur automatique de billets à côté du cinéma.

4. – Est-ce que je peux payer mes livres avec l'American Express ?

– Désolé, monsieur, ici nous acceptons seulement la Visa, presque tous les magasins en France l'acceptent.

Page 66 Exercice 23

Écoutez, lisez puis complétez le tableau.

1. bouche
2. tri
3. prouve
4. lu
5. appris
6. senti
7. sous
8. vu
9. sud
10. plus

Page 66 Exercice 24

Écoutez et indiquez le son entendu.

Exemple : Lili rit

1. Tu l'as vu
2. Vous écoutez tout
3. J'ai pris six kilos
4. J'ai cru Luc
5. Avec vous, nous pouvons le faire
6. C'est de pire en pire

Page 66 Exercice 25

Écoutez et complétez les mots.

1. – Salut, Sylvie, comment vas-tu ?

– Bien, merci!

2. – Allô, Pauline, tu me passes Jacques ?

– Non, Jacques est sorti, tu veux lui laisser un message ?

– Oui, dis-lui que tout est OK.

3. – Pardon, monsieur, vous pouvez me dire où est la tour Montparnasse ?

– Allez tout droit jusqu'au bout de la rue.

– Merci, monsieur.

– De rien.

Delf

Oral

Page 67 Exercice 1

Écoutez ces dialogues puis répondez aux questions posées à la fin de chaque dialogue en cochant la case correspondante.

Dialogue 1

– Bon, alors, je dois acheter des oeufs, de la viande, du pain...

– Des oeufs ? Mais Dominique, il y a une douzaine d'oeufs à la maison !

– Oui, tu as raison mais je dois faire une quiche et un gâteau pour ce soir. Il me faut donc 6 oeufs et aussi de la farine.

Que doit acheter Dominique ?

Dialogue 2

– Bonjour, qu'est-ce que vous avez comme plat du jour ?

– Aujourd'hui, c'est du poulet-frites.

– Pas de poisson ?

– Non, mais si vous voulez du poisson, il faut prendre la carte : il y a de la sole.

– Hum... Non, c'est bon, je prends le poulet.

– Et comme boisson ? Du vin, de la bière ?

– Un verre de vin rouge et de l'eau, s'il vous plaît !

Que mange la cliente ? Que boit-elle ?

Dialogue 3

– Dites-moi, je viens d'arriver à Nantes et je voudrais connaitre les horaires des magasins. À Paris, ce ne sont pas les mêmes ! À quelle heure ferme votre magasin, monsieur ?

– Pas avant 19 heures.

– Et vous ouvrez à quelle heure le matin ?

– À 10 heures.

– Et à midi qu'est-ce que vous faites ?

– Oh, nous sommes ouverts, il y a beaucoup de touristes en ce moment.

– Et le dimanche, vous êtes ouvert le dimanche ?

– Oui, mais un dimanche sur deux, de 10 heures à 13 heures !

Quels sont les horaires d'ouverture du magasin ?

Dossier 3 : Rencontres

Unité 1 : Petites annonces

Page 73 Exercice 3

Écoutez ces deux conversations téléphoniques puis répondez aux questions.

1. – Allô, bonjour, je vous appelle pour l'annonce qui demande une jeune femme pour garder un bébé.

— Oui, vous avez l'habitude d'enfants aussi jeunes que ça ?

— Oui, j'ai des références que je peux vous montrer.

— Très bien, alors, prenons rendez-vous, pour demain à 18h30. 15 rue du Cygne à Aubervilliers. Ça vous va ?

— Parfait, alors à demain.

2. — Bonjour, Je suis bien au 01 69 78 06 62 à Etampes ?

— Oui.

— Voilà, je voudrais faire garder mon cocker. Il est jeune. C'est un chien très affectueux. Pouvez-vous m'indiquer le prix de la journée ?

— Ça fait 250F par jour.

— Oh, c'est beaucoup plus cher qu'à Paris.

— Et oui, ma petite dame, mais il sera à la campagne, il pourra courir et il ne sera pas enfermé.

— Bon, merci, je vais réfléchir. Au revoir, monsieur.

Page 73 Exercice 4

Écoutez, et complétez le tableau des adjectifs qualificatifs.

1. grand-grande, voisin-voisine, rond-ronde
2. sympathique-sympathique, possible-possible, jeune-jeune
3. bon-bonne, naturel-naturelle, actuel-actuelle
4. vif-vive, neuf-neuve
5. dernier-dernière, régulier-régulière
6. sérieux-sérieuse, affreux-affreuse
7. blanc-blanche, franc-franche

Page 74 Exercice 5

Complétez les explications de ce guide.

— Bonjour Mesdames et messieurs, aujourd'hui à notre programme, il y a la grande Arche, puis la visite du Grand et du Petit Palais, la découverte du Pont Neuf, puis nous passerons par l'avenue de la Grande Armée, l'Ecole Militaire, et le musée d'histoire naturelle. Pour finir, ce soir, vous allez assister à un spectacle du Moulin Rouge ! Allez, courage, on part à la découverte de Paris !

Page 76 Exercice 10

Écoutez et choisissez les phrases qui correspondent à l'enregistrement.

1. Hervé a 68 ans, Robert a 75 ans.
2. Mon père gagne 10.000 francs par mois, son frère gagne le double.
3. Jérôme et Sylvie se sont inscrits à la faculté de médecine en 1998.
4. La maison de campagne de mes parents a été construite en 1997, la maison de mon amie Claude en 1996.

Page 78 Exercice 15

Ce matin à 9 heures, place de la Trinité à Paris, Mme Jeanne Gillot a perdu son sac et elle est allée au commissariat. Écoutez le dialogue et complétez sa déclaration.

— Bonjour, je viens pour déclarer la perte de mon sac.

— Il est comment, votre sac ?

— Rouge, grand, avec une fermeture éclair.

— Et à l'intérieur ? Vous avez des objets particuliers ?

— Oui, attendez, je réfléchis... il y a un porte clés en or, un foulard Hermès...

— De quelle couleur et en quelle matière ?

— Rouge et noir, en soie. Ah , j'ai aussi un porte-monnaie en plastique marron et aussi une carte d'identité.

— A quel nom ?

— Au nom de Jeanne Gillot, née à Reims le 24/05/1960, résidente à Paris, 14, rue du Parc 75005 Paris.

— Bon, très bien, remplissez ce formulaire !

— Vous croyez que je vais le retrouver ?

— Je l'espère pour vous, madame !

Page 80 Exercice 20

Associez les phrases entendues aux dessins.

1. Oh la barbe, je dois refaire tout le travail !
2. Attention le bus !
3. On a gagné ! On a gagné! Hourra !
4. Non mais il est totalement fou ce type ! Il est passé au rouge ! Ça va pas la tête ?
5. De l'argent ? Pas ça ! Je suis totalement fauchée.
6. Elle est en colère ? Et bien je m'en fiche !
7. T'as entendu le dernier CD de Madonna ? Il est comme ça !

Page 80 Exercice 21

Écoutez ces mots et cochez le son entendu.

1. fin
2. lait
3. divin

4. faire
5. progrès
6. prochain
7. plein
8. laisse
9. pain
10. demain

Page 80 Exercice 22

Écoutez et soulignez les sons "ɛ̃".

Exemple : Ils aiment manger du pain avec un verre de vin.

1. Voici un timbre français.
2. Il est impatient de connaître votre ami américain.
3. C'est un Péruvien intéressant.
4. C'est plein d'eau.
5. Il est inscrit à un syndicat.
6. J'adore ce parfum italien.

Unité 2 ; Invitations

Page 82 Exercice 4

Écoutez et complétez les dialogues. Puis, remplissez la grille avec les verbes au futur et leur infinitif.

1. — Maman, nous irons à Noël chez l'oncle Gaston ?

— Oh, je ne sais pas, nous verrons ça plus tard.

2. — L'année prochaine, j'aurai 18 ans.

— Eh oui, tu pourras passer ton permis de conduire.

3. — Il faudra inviter tous les employés à l'inauguration ?

— Oh, non, le directeur ne voudra pas.

4. — À quel âge vous prendrez votre retraite ?

— Oh, ça dépendra de ma santé.

Page 84 Exercice 8

Cochez, pour chacune de ces phrases, l'expression de temps utilisée.

Exemple : Tout à l'heure, je vais terminer la lettre pour Richard.

1. Ils iront vivre en Australie en 2010.
2. Nous changerons de bureau dans deux ans.
3. Mes parents partent dans une semaine.
4. Demain, nous allons faire une promenade au Bois de Boulogne.
5. J'espère qu'à l'avenir plus personne ne mourra de faim.
6. Ce soir, je me couche tôt, je suis vraiment

fatigué.

Page 90 Exercice 25

Écoutez ces mots et cochez le son entendu.

1. emporter
2. prend
3. temps
4. femme
5. cape
6. camp
7. manne
8. banc
9. rame
10. âne

Page 90 Exercice 26

Écoutez et soulignez les sons "ɑ̃".
Exemple : Il prend le métro.

1. Il y a du vent.
2. J'ai le temps de tout faire.
3. Dans un mois, j'aurai quarante ans.
4. Ils adorent faire du camping.
5. Dans sa chambre, tout est rangé.

Unité 3 : Coups de fil

Page 91 Exercice 1

A. *Écoutez ces annonces en observant ces photos puis indiquez qui les a enregistrées.*

1. Vous êtes bien chez Lulu et Anne au 04.35.25.37.14. Désolés, mais nous ne sommes pas là. Laissez un message après le bip sonore et nous vous rappellerons dès que possible.

2. Bonjour, je rentre après 17 h. Dans un instant, vous pourrez me laisser un message. Un, deux, trois soleil, c'est à vous !

3. Vous avez appelé l'établissement Informatico. Nos bureaux sont ouverts de 9h à 17h tous les jours, sauf le samedi et le dimanche. Depuis le 15 de ce mois, nos bureaux sont transférés 9 Bd. Raspail. Laissez un message et nous vous rappellerons très vite. Merci.

4. Bonjour, dans un instant, vous aurez l'occasion de laisser un message amusant, sérieux ou important. Toute la famille est absente. Si vous désirez laisser un message à Marie, Clémentine, Paule ou Jean, vous pouvez le faire après le bip sonore. Merci. Veuillez indiquer aussi le jour et l'heure de votre appel.

Page 92 Exercice 2

Écoutez ces quatre personnes qui ont laissé des messages sur les répondeurs de l'exercice 1. Puis, complétez le tableau ci-dessous.

1. Bonjour, ici Mme Campestre, le 3 juin, 19h. Mon ordinateur est en panne. Mon mari dit que c'est un problème de modem, je voudrais prendre un rendez-vous avec un technicien. Mon numéro est le 05.35.88.28.57. Merci.

2. Bonjour, ici Joël Anquetil, jeudi, 5 décembre, 13h. Message pour Paule. Tu es libre le 31 ? Je t'invite pour fêter ensemble la fin de l'année. Appelle-moi pour me confirmer si tu viens ou non.

3. Bonsoir, c'est Hugues, et tu n'es toujours pas là ! Appelle-moi vite, j'ai un truc urgent à te dire. Cela concerne nos vacances. L'employé de l'agence dit que notre billet a été annulé et il veut savoir ce que nous voulons faire. Rappelle-moi vite ! Mon amour, mon petit lapin, je rêve de ces vacances avec toi, depuis si lontemps, ne me fais pas attendre !

4. Salut, c'est Max, mercredi 18, 20 heures. Comme d'habitude pas d'Anne et pas de Lucien ! Qu'est-ce que vous faites ? Il y a déjà une semaine que je cherche à vous joindre ! J'ai contacté M. Durand. Il est d'accord pour nous confier la décoration de son appartement. Mais il demande combien les travaux vont coûter exactement. Alors, dépêchez-vous de me rappeler. Allez salut et bisous à tous les deux.

Page 92 Exercice 3

Les quatre personnages de l'exercice 2 parlent directement à un interlocuteur. Écoutez et complétez ces dialogues.

1. — Allô, bonjour, mon ordinateur est en panne.
— Qu'est-ce que vous dites ? Excusez-moi, je vous entends mal !
— Je vous dis que mon ordinateur est en panne !

2. — Alors Paule, je t'ai invitée le 31. Qu'est-ce que tu as décidé ?
— Pardon ? Je n'ai pas compris.
— Je te demande ce que tu as décidé pour le 31 !

3. — Bonjour, notre billet a été annulé. Est-il possible de prendre un billet départ le 30 septembre retour le 30 octobre ?
— Excusez-moi, la ligne est mauvaise ! Que demandez-vous ?
— Nous voulons savoir s'il est possible de prendre un autre billet départ le 30 septembre, retour le 30 octobre.

4. — Salut, c'est Max. Alors combien est-ce que les travaux vont coûter ?
— Quoi ? Répète s'il te plaît !
— Je veux savoir combien les travaux vont coûter.

Page 93 Exercice 5

Écoutez les phrases puis transformez-les au style indirect selon le modèle.
Exemple :
– Où est-ce que vous habitez ?
– Elle demande à sa collègue où elle habite.

1. J'annule mon rendez-vous !
2. Pouvez-vous répéter ?
3. Je ne peux pas terminer ce rapport pour ce soir.
4. Qu'est-ce que vous voulez faire demain ?
5. Quand est-ce que tu es née ?
6. Désolé, mon mari n'est pas encore arrivé.

Page 94 Exercice 7

Écoutez le dialogue, puis complétez-le en vous aidant du tableau "Parler au téléphone".

1. — Allô, bonsoir. ......Tu ne peux plus sortir ? Ça ne fait rien. Rappelle-moi en fin de semaine. Salut.

2. — Allô, Je suis bien chez Gaston, s'il vous plaît ?
— Oui, c'est de la part de qui ?
— De Nathalie
— Désolé mais il n'est pas là !
— Je rappellerai, merci.

3. — Allô, François ? C'est Nathalie, on sort ce soir ?
— Ce soir, non... mais demain, on peut aller au cinéma, ou au restaurant... Excuse-moi, mais là, je suis pressé, je dois raccrocher !
— O.K., excuse-moi de t'avoir dérangé. Alors, à demain.

Page 96 Exercice 11

On propose à Agnès des rendez-vous. Après écoute, vérifiez sur cette page d'agenda si elle est libre. Imaginez ses réponses.

1. Pouvons-nous nous voir mardi à 8h ?

2. Je peux passer chez toi lundi à 15 h ?

3. On peut se voir dimanche ?

4. Dis, on sort tous les deux samedi soir ?

5. Si tu es libre, passe à la maison jeudi matin.

6. Bon alors, je t'attends vendredi soir à la maison.

7. Tu viens au cours d'informatique vendredi après-midi ?

Page 100 Exercice 18

Faites correspondre les documents aux phrases que vous entendez.

1. Ne quitte pas, j'ai un autre appel ! Je prends le signal d'appel et je te reprends !

2. Je suis en ligne mais vous pouvez me laisser un message !

3. Tiens, c'est indiqué. On peut trouver une cabine au bout de la rue.

4. Zut, je ne sais pas quel est l'indicatif de Nice ! 04 ou 02 ?

5. Alors le 12, c'est les renseignements, le 15 c'est le Samu, le 18, c'est les sapeurs pompiers, et le 17, c'est la police gendarmerie. Voilà, vous connaissez tous les numéros d'urgence !

6. Regardez, c'est écrit "Décrochez ,insérez la télécarte puis composez votre numéro" !

7. Mince, je n'ai pas assez d'unités ! Je ne vais pas pouvoir joindre Paul à temps !

Page 100 Exercice 19

Écoutez ces mots et cochez le son entendu.

Exemple : bon

1. bonne
2. nom
3. peau
4. tromper
5. cadeau
6. opposer
7. nombre
8. frotte
9. eau

Page 100 Exercice 20

Écoutez et soulignez les sons "5".

Exemple : J'adore les bonbons.

1. Il fait chaud, prends des glaçons.

2. Sur le pont d'Avignon, on y danse, on y danse...

3. Quelle combine !

4. Je me suis trompé en comptant.

5. Votre hôtel est près de Montmartre.

Delf

Oral

Page 101 Exercice 2

Vous êtes Jules Farrand. Vous modifiez la page de votre agenda de la semaine prochaine en fonction de ces trois messages enregistrés sur votre répondeur téléphonique.

1. M. Farrand, ici la secrétaire de M. Dinand. M. Dinand vous fait dire qu'il s'excuse mais il ne pourra pas arriver à Paris lundi matin. Il arrivera à Roissy mardi matin, avec le même vol. Vous travaillerez donc ensemble mardi. S'il y a des problèmes, M. Dinand vous prie de le rappeler lundi prochain à son bureau.

2. Jules, c'est Roland. Est-ce que nous pourrions rester à Lille jusqu'à samedi après-midi ? Je voudrais passer un petit moment avec ma fille qui étudie à Lille et jeudi et vendredi elle ne sera pas libre pour me voir.

3. Papa, c'est Martine. Je voulais te dire que, mercredi prochain, Yann et moi nous viendrons à Paris et nous aimerions déjeuner avec toi si tu es libre. Rendez-vous à 13 heures à la Coupole à Montparnasse. D'accord ? Je te rappellerai lundi pour confirmer. Bon week-end.

Dossier 4 : Voyages

Unité 1 : Projets de voyage

Page 106 Exercice 1

A. Cochez les photos des pays qui sont évoqués.

Dialogue n°1

— Salut, Chantal, c'est Béatrice, ça va ?

— Oh, salut Béatrice, tu sais, ça ne va pas très fort en ce moment, je suis très fatiguée.

— Ma proposition tombe très bien. Je t'appelle parce que la banque où je travaille organise pour Pâques un voyage d'une semaine au Maroc. Je peux emmener quelqu'un, ça te dirait de venir avec moi ?

— Je crois qu'une semaine de vacances me fera du bien. Mais c'est pas trop cher ?

— Oh non, écoute, je viens te voir ce soir et je t'explique tout, d'accord ?

— Ok, parfait, à ce soir. Tu sais, je me sens déjà moins fatiguée.

Dialogue n°2

— Et l'Écosse, ça vous intéresse ? Nous proposons à nos clients une semaine en juin, tout compris, à un prix vraiment intéressant.

— Oh, non, je sais qu'en Écosse il ne fait jamais beau.

— Je regrette, madame, ce n'est pas vrai. Mon mari est originaire d'Écosse et, croyez-moi, je le connais bien, ce pays. Je peux vous dire que c'est un mensonge. La température n'est pas élevée, mais le ciel est souvent bleu.

— Peut-être, mais j'aimerais vraiment trouver le soleil et la chaleur. Euh..., vous n'avez rien à me proposer en Tunisie ? Une semaine passe vite et je veux être sûre de bronzer.

Dialogue n° 3

— Je voudrais partir quelques jours pour la fin de l'année, qu'est-ce que vous me conseillez ?

— Vous pouvez partir du 26 décembre au 2 janvier en Suisse, à Gstaad. C'est beau et l'hôtel que nous proposons est confortable.

— Oh non, la Suisse, je connais. Vous n'avez rien d'autre ?

— Et l'Autriche ? Nous avons deux programmes à vous proposer.

— Oh non, j'ai déjà prévu un week-end à Vienne pour Pâques.

— Et dans les Alpes françaises, tout simplement ? Nous organisons un séjour d'une semaine à Val d'Isère.

— Ah, pourquoi pas... Vous pourriez me donner plus de renseignements ?

— Bon, voici une brochure. Là, vous trouverez toutes les informations. Mais n'attendez pas trop pour la réservation. Il nous reste juste quelques places.

Dialogue n° 4

— Et un petit tour en camping car en Suède, en Norvège et au Danemark, ça te dit cette année ?

— Oh, personnellement, j'aimerais beaucoup connaître les pays scandinaves et Louis aussi, j'en suis sûre. Mais nous serons 4 adultes et trois enfants. À mon avis, il est préférable de louer une maison au bord de la mer dans un beau pays ensoleillé, au Portugal, par exemple ?

— Tu as peut-être raison. Je vais passer à l'agence cet après-midi pour demander des brochures sur le Portugal.

Dialogue n° 5

— Chers collègues, je vous ai réunis pour parler du voyage scolaire de Pâques. Où est-ce que vous pensez emmener votre classe de Terminale, M. Rinaldet ?

— Selon moi, il y a trois destinations possibles : la Grèce, l'Espagne comme l'année dernière ou la Savoie. Pour la Grèce, le voyage est peut-être un peu cher et, surtout, très fatigant. Pour la Savoie, je ne sais pas : j'aime la montagne mais pas avec 25 élèves. En fin de compte je pense suivre l'exemple de Mme Marcillet.

— Oh, vous avez raison, M. Rinaldet. L'année dernière, ma classe a trouvé ce voyage formidable.

Page 108 Exercice 3

Écoutez ces dix personnes et soulignez le nom des pays évoqués dans la liste ci-dessous.

1. Je reviens d'Italie.
2. Il repart au Japon.
3. En Allemagne, il fait froid en hiver.
4. Je veux aller en Inde pour mes vacances.
5. Nous arrivons d'Argentine.
6. J'ai déjà été aux Caraïbes.
7. Ils rentrent du Liban.
8. Vous êtes originaire des Philippines ?
9. Vous êtes allé au Chili ?
10. C'est un journaliste qui revient d'Egypte.

Page 109 Exercice 7

Dans chacun de ces dialogues, une personne propose un programme et la deuxième personne donne un avis positif ou négatif. Cochez la bonne réponse en vous aidant des expressions ci-dessous.

1. — Odile, appelons tes parents pour les avertir que nous arriverons demain vers midi.
   — Marc, à mon avis, demain, il fera mauvais et je déteste aller en Normandie quand il pleut.
2. — Sylvie et François vont à Deauville demain, ça te dit d'aller avec eux ?
   — Oh, je trouve que toute une journée avec leurs enfants, c'est vraiment épuisant.
3. — Qu'est-ce que vous en pensez de partir tous ensemble en Alsace le week end prochain ?

— Mais papa, je préfère rester à Paris. Samedi soir, tu sais, il y a la fête des 18 ans de Sandrine.

4. — Je ne connais pas la région de la Loire. Ça te va un week-end gastronomique et culturel avec la visite de quelques châteaux ?
   — Tu as vraiment une idée géniale, je vote pour !

5. — Dimanche prochain, les Coste vont voir la mère de Richard et ils nous laissent leurs enfants. Nous pourrions organiser un pique-nique à Fontainebleau. La dernière fois, ils se sont bien amusés. Est-ce que tu crois que c'est bien ?
   — Oh, ils ont adoré et puis nous aussi.

6. — Non, cette année, nous allons partir à l'aventure. Plus de voyages organisés. Tu es d'accord ?
   — Tu as tort, Christian, deux semaines au Club, c'est très amusant et puis, quant aux prix, tu n'as pas de mauvaises surprises au moment de payer.

Page 110 Exercice 10

Lisez le tableau "décrire le climat", écoutez les prévisions météorologiques de vendredi, samedi et dimanche prochains en France et indiquez en bas de chaque carte géographique le jour de la semaine correspondant.

- Vendredi, en Bretagne et en Normandie, il y aura du soleil mais les températures seront encore peu élevées pour la saison avec 14° à Caen. En Ile-de-France, le ciel sera couvert et les températures seront moins élevées que dans le reste de la France. Dans l'après-midi, il fera 11° à Paris. Dans le Midi et dans les Pyrénées, le ciel sera bleu avec quelques nuages. La ville la plus chaude sera Marseille avec 18°. Partout ailleurs, il pleuvra pendant toute la journée. La Méditerranée sera calme. Le vent soufflera sur la côte atlantique.

Une température nettement plus élevée va s'installer samedi dans tout le pays. La ville la plus chaude restera Marseille avec 19°, mais les températures du nord du pays augmenteront aussi, 13° dans la région parisienne et 15° à Caen. Le ciel sera bleu et les nuages disparaîtront sauf dans les Pyrénées. Le vent continuera à souffler sur la côte atlantique. Le vent restera faible en général près de la Méditerranée.

Dimanche, il y aura quelques pluies le matin dans le sud du pays, avec du vent sur la Méditerranée. Les températures continueront à augmenter. La ville la plus chaude du pays sera Nice avec 20°. Quelques nuages dans la matinée sur la Bretagne et la Normandie, mais dans l'ensemble, le ciel restera bleu sur toute la France.

Page 114 Exercice 17

Indiquez les destinations que l'employée de l'Office du Tourisme conseille à ses clients.

Exemple : Vous pouvez monter jusqu'au 2ème étage et déjeuner, si vous le souhaitez, au restaurant Jules Verne. De là, vous avez une vue magnifique de toute la ville. Traversez, ensuite, le jardin du Champs de Mars, et arrivez jusqu'à l'École Militaire.

1. Chaque année, il y a deux millions de visiteurs qui viennent voir ce site religieux. C'est un spectacle vraiment unique : une cathédrale, sur le sommet d'un mont, au milieu de la mer.

2. De Paris, vous arrivez à Poitiers en 1h30 de train. C'est le parc européen de l'image de demain. Vous serez étonné de voir tous ces écrans circulaires, géants et hémisphériques.

3. Vous pourrez visiter la magnifique Cathédrale et, naturellement, n'oubliez pas les caves de champagne.

4. D'ici, si vous voulez, vous pourrez faire un petit tour en Italie, qui n'est pas loin. Je vous conseille de trouver un petit hôtel à Chamonix.

5. Vos enfants passeront ici une journée inoubliable et vous aussi. C'est un parc d'attractions exceptionnel. Attention, pendant les week-end, vous pourrez profiter de tarifs forfaitaires.

Page 114 Exercice 18

Écoutez et cochez le son entendu.

Exemple : Vincent est venu.

1. Vive les vacances.
2. C'est un beau bébé.
3. J'habite à Bologne.
4. Vous voulez voir ?
5. Il vient le vingt ?
6. Bois beaucoup !
7. Venez vite !

Page 114 Exercice 19

Cochez la phrase que vous avez entendue.

1. Ils s'en vont.
2. Cet envoi.
3. Quel bon vin !
4. C'est si bien !
5. Regarde ce balai.

Page 114 Exercice 20

Écoutez ces phrases, écrivez-les, puis lisez-les.

1. Ce ne sont pas des aventures banales.
2. Vous avez tout vérifié dans le bureau.
3. Il n'aime pas la valse, mais il adore le boléro.
4. Avec sa belle voiture, il va trop vite.
5. Il va voyager en avion pour aller au Brésil.

Unité 2 : Vacances sportives

Page 115 Exercice 1

Écoutez ces interviews et soulignez dans le document les sports que ces Français pratiquent.

— Bonjour, pouvez-vous répondre à une enquête pour le journal "Les petits futés" ? Oui ? Merci ! Alors quels sports pratiquez-vous pendant vos vacances ?

1. Bon, alors, je vais vous dire. Mon copain me propose toujours des randonnées. Ouf, j'en ai assez ! 20 km par jour, c'est fou, non ?? Mais la dernière fois, je lui ai dit "C'est fini, je ne veux plus marcher pendant des heures." Et puis être seule dans ces grandes forêts, ça m'angoisse !

2. Alors, pour moi, les vacances, c'est la tranquillité, le soleil, la plage. Bref, je ne fais pas souvent de sport. Ou alors quelquefois, un peu de vélo et encore, l'année passée, j'ai eu un accident, je suis tombé et je me suis retrouvé chez le médecin !

3. Moi ? J'adore la natation, l'été, je nage tous les jours, je me lève tôt pour profiter toute seule de la plage ! Magnifique !

4. Heu, quelquefois, je fais de l'équitation. Ça me détend. Il y a deux ans, j'ai fait un stage, je me suis occupé de chevaux. Formidable ! Il y a des gens qu'il faut calmer parce qu'ils ont peur des chevaux ! Je leur dis "Pas de panique ! C'est facile et pas dangereux !"

5. Oh , ça dépend , quand on peut avec mon mari, on aime bien parfois faire du tennis. Je lui ai fait découvrir ce sport. Au début , il m'a dit "Je n'y arriverai jamais" et puis, maintenant, après quelques cours, il joue avec moi ou avec les enfants !

Page 116 Exercice 3

Faites correspondre chaque phrase entendue à un dessin, puis écrivez l'infinitif de chaque verbe pronominal selon le modèle.

1. Ah , aujourd'hui, je me suis bien reposé, j'ai dormi 10 heures, un vrai bébé !
2. Tu te dépêches ou quoi ? Allez, marche, les autres sont déjà arrivés au sommet.
3. Allez, ne vous énervez pas, vous lancez la balle calmement ! OK ? On y va !
4. Allez ! On commence ! Vous vous détendez, vous vous penchez et vous vous relevez ! Et un et deux et trois et quatre !

Page 118 Exercice 8

Dans quelles situations pouvez-vous entendre ces phrases ? Qui les dit ?

Exemple : Ne vous penchez pas, c'est dangereux !

1. Ne te presse pas ! On a le temps, le vol n'est pas encore annoncé !
2. Julien, ne te cache plus ! Je t'ai vu ! J'ai gagné !
3. Ne t'inquiète pas, les enfants vont rentrer avant minuit !

Page 119 Exercice 10

Écoutez ces dialogues.

A. Retrouvez les motifs d'inquiétude de la première personne et les arguments rassurants de la deuxième personne.

B. Écrivez, après avoir lu le tableau "Exprimer l'inquiétude / rassurer", les expressions utilisées dans les dialogues.

1. — Aie, demain, c'est le tournoi de tennis et hier, je me suis fait mal au genou ! Qu'est-ce que je peux faire ?
— Allez, ne t'en fais pas ! Demain, il va certainement pleuvoir. Le tournoi va être annulé.

2. — Faire de la marche demain ? Mais comment je vais faire ? Je n'ai pas de chaussures adaptées et je n'arriverai jamais à vous suivre pendant 5km !
— Mais non, tout ira bien ! D'abord tu vas acheter tout de suite de bonnes chaussures et puis on marchera doucement, comme ça, tu pourras nous suivre !

3. — Mes vacances sont gâchées ! Je dois partir pour faire un stage de pêche sous-marine. C'est affreux ! Aidez-moi ! Je suis malade, j'ai de la fièvre et je n'ai pas compris ce que m'a dit le docteur !
— Ne vous inquiétez pas, montrez-moi votre ordonnance ! Très bien, il vous suffit de prendre de l'aspirine trois fois par jour et vous allez guérir rapidement !

4. — Ça y est, c'est à moi ! Ça m'angoisse ses cours de natation ! J'ai peur de me noyer !
— Allez, Mathieu, calme-toi, ne te fais pas de souci, je suis là et puis l'autre jour, tu as déjà plongé et ça s'est très bien passé ! Hop, vas-y !

Page 121 Exercice 14

Écoutez puis dites si l'événement dont on parle se produit souvent, quelquefois, ou jamais.

1. Jamais de la vie, je refuse de faire des heures supplémentaires !
2. Le tiercé ? J'y joue parfois !
3. De temps en temps, je vais à la bibliothèque de mon quartier.
4. Chaque semaine, je vais au cinéma.
5. Comme hebdomadaire, j'achète toutes les semaines Le Nouvel Observateur.
6. Comment dites-vous ? Monsieur Planche ? Jamais vu ici !
7. Aller en discothèque ? Parfois, avec des amis.
8. La gym, pour moi, c'est sacré ! Trois fois par semaine. Pour être en forme, c'est un minimum.

Page 123 Exercice 19

Écoutez, écrivez le pronom complément entendu, puis retrouvez la situation.

Exemple : On vous offre trop de cadeaux !

1. Cette fois, on lui demandera une augmentation.
2. Demain, c'est la St Valentin : je lui achète des fleurs.
3. J'ai encore mal à la gorge. Je lui téléphone pour prendre rendez-vous ?
4. On doit encore leur montrer nos passeports ?
5. Je vous en prie, je vous laisse ma place !

Page 125 Exercice 24

Écoutez, soulignez la ou les lettres qui ont le même son que dans "cinéma", puis répétez les phrases.

Exemple : Son récit est très intéressant.

1. Je ne sais plus ou j'ai mis mon sac.
2. C'est garçon très sportif.
3. Voici un professeur de français.
4. En classe, il faut du silence.
5. Grâce à eux, j'ai des places gratuites au cinéma.
6. Ils sont reçus à leur examen.
7. L'addition, s'il vous plaît.
8. Cyril, commençons tout de suite.

Page 125 exercice 25

Écoutez, soulignez la ou les lettres qui ont le même son que dans "douze", puis répétez les phrases.

Exemple : Ils ont douze amis pour le déjeuner.

1. Vos invités sont arrivés.
2. Les enfants s'amusent bien.
3. Deux étudiants veulent parler au prof.
4. Les yeux de cette fille sont beaux.
5. Résultat final : 15 à 10.
6. Nous avons de bons éléments.
7. Vous aidez avec zèle vos enfants.
8. J'aime le désert.

Page 125 exercice 26

Écoutez et complétez ces phrases.

1. Nous avons faim.
2. Nous savons notre leçon.
3. Vous salez trop votre soupe.
4. Vous allez en ville.
5. Ils s'offrent le restaurant.
6. Ils offrent un cadeau à Jacques.
7. Elles évitent bien des problèmes.
8. Elles s'évitent depuis qu'elles se sont disputées.
9. Ils aiment l'opéra à la folie.
10. Ils s'aiment depuis dix ans.

Unité 3 : Cartes postales

Page 128 Exercice 4

Cochez les phrases que vous entendez.

1. Il demande des renseignements.
2. Elle a été malade.
3. Il se réveillait à 6 heures.
4. Il prépare le déjeuner pour tout le monde.
5. Tu te levais à quelle heure ?

Page 129 Exercice 7

Quel est l'objet des souvenirs de ces huit personnes ? Écoutez le début de leurs histoires et complétez la grille.

1. N'oublie pas que, dans les rues, il y avait beaucoup moins de circulation...
2. Rappelle-toi : les maîtres étaient plus sévères, les classes étaient plus nombreuses...
3. Nous étions quatre : trois filles et un garçon, et mes parents nous adoraient tous...
4. Autrefois, les jeunes de mon village travaillaient dans les champs...
5. De mon temps, on lisait les nouvelles dans le journal...
6. Tous les matins, j'arrivais en retard et les professeurs n'étaient pas contents.
7. À cette époque-là, dans les villes, tout était plus facile...
8. Je me souviens que toute la famille, le soir, écoutait la radio...

Page 130 Exercice 11

Écoutez ces dialogues.

A. Retrouvez, dans le programme du Futuroscope, les trois lieux visités par nos amis.

Dialogue 1

— Là, tu exagères, Bernard, il est 9h20 et le train est dans dix minutes.

— Vous avez raison, mais avec cette circulation...

Dialogue 2

— Oh, regardez, c'est génial, le train arrive directement dans le parc.

— Oui, je le savais, je l'ai lu dans le guide.

Dialogue 3

— Allons au Cinéma Dynamique, je sais que c'est extra.

— Je viens avec toi, Sandra.

Dialogue 4

— Ah, non, j'en ai marre, on fait toujours ce que veut Sandra.

— Proposition : Sandra va voir le Cinéma Dynamique avec Bernard, et nous, nous allons voir le Tapis Magique.

Dialogue 5

— Rendez-vous à 15 h au Planète Burger. Ça vous dit ?

— Ok, super !

Dialogue 6

— Alors, c'était comment ce Cinéma Dynamique, Sandra ?

— C'était formidable ! Vous ne me croirez pas, le siège bouge vraiment.

Dialogue 7

— J'en ai assez de ce temps. Regardez le ciel, il est tout nuageux.

— Calme-toi, Charlotte, et mange ton hamburger.

Page 133 Exercice 16

L'imprimeur a envoyé à l'agence "Plus Voyages" un dépliant avec les programmes de la prochaine saison touristique. L'employé de l'agence téléphone à l'imprimeur pour rectifier un certain nombre d'erreurs. Corrigez le dépliant comme si vous étiez l'imprimeur.

Allô, monsieur Émile, boujour, ici Alexandre Grès de l'agence Plus Voyages. Oui, ...oui..., bien sûr,...oh oui, je l'ai reçu à temps, mais il y a un certain nombre de choses à modifier... Oui, d'accord, j'attends...

Voilà : tout d'abord, le jour d'arrivée : ...nous calculons nos prix à partir du samedi et non du dimanche... Voilà... samedi, c'est ça. Ensuite, les dates de la première colonne... Oui, la première... ces prix concernent la période du 2 janvier au 24 mars et du 3 octobre au 3 avril. Vos dates ne sont pas bonnes. Oui... c'est cela... exact. Pour finir, en bas, oui, tout en bas de la grille, il faut ajouter une phrase, oui... oui... mais non, ce n'est pas la peine, je vous la dicte maintenant, ce sera plus rapide. Vous êtes prêt ?

"Vous êtes priés de remettre la clé de votre appartement avant votre départ à notre agence de St Jean de Maurienne."

Voilà, monsieur Émile, c'est tout. Vous pourrez me le préparer pour ce soir ? Oui, oui, d'accord. Merci, monsieur, au revoir.

Page 135 Exercice 19

Vous allez entendre des noms contenant le son "è" (matière, fête) ou "é" (rédacteur). Complétez les listes ci-dessous.

1. même
2. été
3. rénovation
4. fête
5. lumière
6. réunion
7. réussir
8. année

9. fenêtre

10. tête

11. réseau

12. numéro

13. dernière

14. café

15. espère

16. cité

Page 135 Exercice 22

Écoutez et accentuez, si nécessaire, les mots des phrases suivantes.

Exemple : En matière d'économie, il faut être prudents.

1. Le rédacteur de cette revue est très compétent.

2. J'ai fait mes études en Grèce.

3. C'est la fête des pères.

4. C'est le départ en vacances et il y a énormément de véhicules sur les routes.

5. Liberté, égalité, fraternité.

6. Hervé est arrivé après le début de la séance de cinéma.

7. J'étais près de la fenêtre quand le téléphone a sonné.

Delf

Page 136 Exercice 2

Vous allez entendre 4 dialogues. L'enregistrement sera passé 3 fois. Après la première écoute, vous aurez trois minutes pour lire les questions. A la deuxième écoute, vous aurez une minute après chaque dialogue pour répondre aux questions. Puis, vous entendrez une troisième fois les dialogues sans pause. Pour finir, vous aurez 5 minutes pour compléter et relire vos réponses.

Dialogue n°1

— Bonjour, je voudrais réserver une chambre pour 2 personnes du 4 au 10 avril.

— Désolé, mais nous n'avons plus de chambres pour 2 personnes jusqu'au 5 avril. Je peux vous proposer deux chambres pour une personne pour le 4 et le 5 et ensuite, une chambre pour 2 personnes. Ça vous convient ?

— Et bien, s'il n'y a pas d'autre solution, d'accord.

— C'est à quel nom ?

— M et Mme Smith.

Dialogue n°2

— Bonjour, je peux vous aider ?

— Euh, volontiers. Je voudrais trouver une idée de souvenir pour mes enfants. Je ne sais pas trop quoi choisir. Que me conseillez-vous ?

— Quel âge ont vos enfants ?

— La fille a 12 ans et le garçon 16 ans.

— Pourquoi ne prenez-vous pas un tee-shirt avec un dessin d'Astérix pour votre fille. C'est amusant. Et pour votre fils, un poster de Vanessa Paradis ou un CD de chansons françaises ?

— Le tee-shirt, c'est une bonne idée mais le poster et le CD… non, écoutez, je vais prendre deux tee-shirts.

— Très bien. Quelle taille voulez-vous ?

— Taille 38 pour ma fille et 44 pour mon fils !

Dialogue n°3

— Allô Antoine ? C'est Marion. Je t'appelle pour notre rendez-vous de demain à 11 heures. Je ne peux pas, je suis désolée mais j'ai un problème.

— Qu'est-ce qu'il se passe ?

— Et bien, tu sais, j'ai rencontré un ami de passage à Paris et je voudrais le voir.

— Un ami ? Qui est-ce ?

— C'est Henri. Il est canadien. On s'est rencontrés pendant un stage de formation qui a duré un mois, il y a 2 ans. Et depuis, je n'ai plus eu l'occasion de le revoir et il repart demain à 16 heures.

— Hum , hum… et il est comment cet ami ?

— Il est grand, brun, il a de beaux yeux verts. Il est très sympathique.

Dialogue n°4

— Comment ? Tu veux partir dans la région de Tours comme nous ? Quelle bonne idée, Lou ! Nous avons été enchantés de notre séjour !

— Mais dis-moi, Lucas, je voudrais te demander certaines choses. D'abord, comment était le temps ?

— En général, très beau mais de temps en temps, il pleuvait ! Prends un parapluie !

— Et qu'est-ce qui est intéressant à voir ?

— Va voir les châteaux et visite une cave, pour goûter du Vouvray, c'est un vin de la région, excellent ! Va aussi à Villandry, c'est un château avec des jardins magnifiques ! Pour les musées, je ne peux pas te dire grand-chose, on n'a pas eu le temps !

Tableaux de phonétique

ON ÉCRIT	ON PRONONCE	EXEMPLES	ON ÉCRIT	ON PRONONCE	EXEMPLES
a	[a] [ɑ]	matin bas	o	[ɔ] [o]	porte loto
b	[b] [p]	bonbon absorbant	p	[p] -	pont beaucoup
c	[k] [s] [g] -	cou cela second blanc	q	[k] -	qui cinq cents
d	[d] [t] -	demander quand elle peut il comprend	r	[r] -	rue entier
e	[ə] [e] [ɛ]	me toucher mère, tête, elle	s	[s] [z] -	savon désert tomates
f	[f] [v] -	fou, effort neuf ans nerf	t	[t] [s] -	terre nation dont
g	[ʒ] [g] -	girafe gare doigt	u	[y] [ɔ]	pull minimum
h	[ʃ] -	Hollande humanité	v	[v]	rêve
i	[i] -	livre oignon	w	[w] [v]	whisky wagon
j	[ʒ] [dʒ]	jeu jogging	x	[ks] [gz] [s] [z] [k] -	fax exercice six deuxième excès joujoux
k	[k]	kilomètre	y	[i] [j]	mystère payer
l	[l] -	bal gentil	z	[z] [s] -	onze quartz essayez, assez
m	[m] -	mener automne			
n	[n]	chacune			

VOYELLES

|i| fil, **y**, île
|e| été, parl**er**
|ε| mais, père, seize, être, terre
|a| plat, platte
|ɑ| bas, pâte
|ɔ| bord, sol
|o| nôtre, beau, gauche, rose
|u| vous, tout
|y| vu, tu
|ø| deux, il veut
|œ| bonheur, cœur
|ə| de, regard
|ɛ̃| plein, matin, importé, bain, faim, symbole
|ɑ̃| enfant, champs, trembler
|ɔ̃| son, tromper, tomber
|œ̃| un, parfum

SEMI-CONSONNES

|j| ciel, viens, fille, yeux, oeil
|w| oui, ouest, ouate, moi, moyen, loin
|ɥ| lui, appuyer, situé, évaluation

CONSONNES

|p| papa, appartement, absolu
|t| tête, thèse, été
|k| car, occasion, quand, orchestre, kilo, sac
|b| bébé, abbé
|d| doué, aide
|g| langue, Guy, gare, agrandir
|f| femme, neuf, philosophie
|s| sel, cinéma, français, dessus
|ʃ| cher, château
|v| vous, wagon
|z| zoo, raison
|ʒ| je, général, mangeons
|l| loup, elle
|r| russe, mur
|m| maman, homme
|n| nous, année
|ɲ| règne, Espagne

Tableaux des contenus

Sommaire

Passage à l'euro

Vous trouverez dans cet ouvrage des références au franc, qui avait cours légal au moment de son élaboration. Cependant, autant que possible, les francs ont été convertis en euros lors de sa réimpression.